SYD TRÆER

Et sted på Amager Fælled

Juli 2021

FSC
www.fsc.org
MIX
Papir fra ansvarlige kilder
Paper from responsible sources
FSC® C105338

Forlag: BoD – Books on Demand, Hellerup, Danmark
Tryk: BoD – Books on Demand, Norderstedt, Tyskland
ISBN: 978-87-4305-589-1

Slå det skarpe øje fra.
Slå det indre øje til.
Vær og lad billedet være nær.
Sans. Oplev.
Glimt af en fantastisk verden.

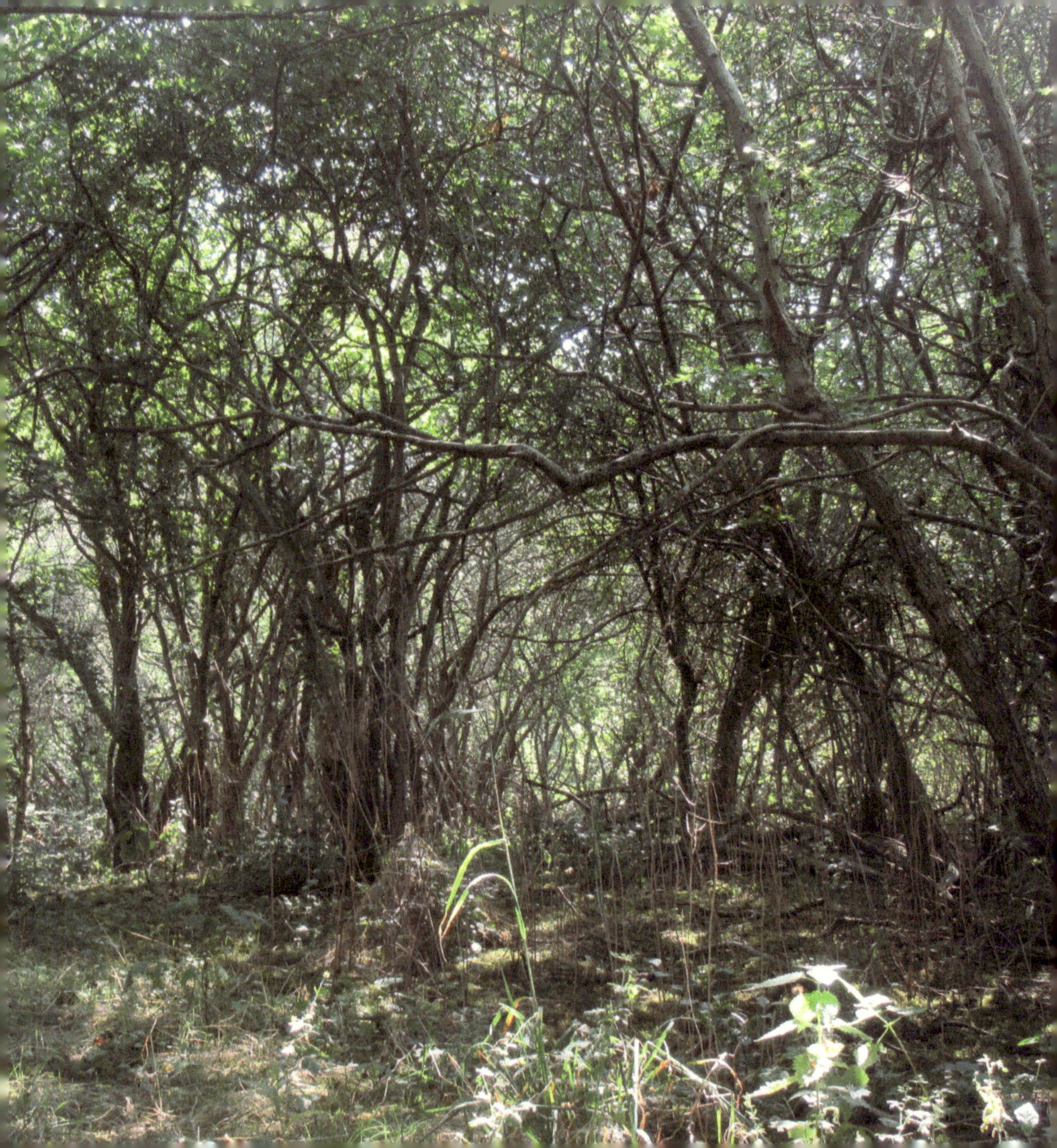

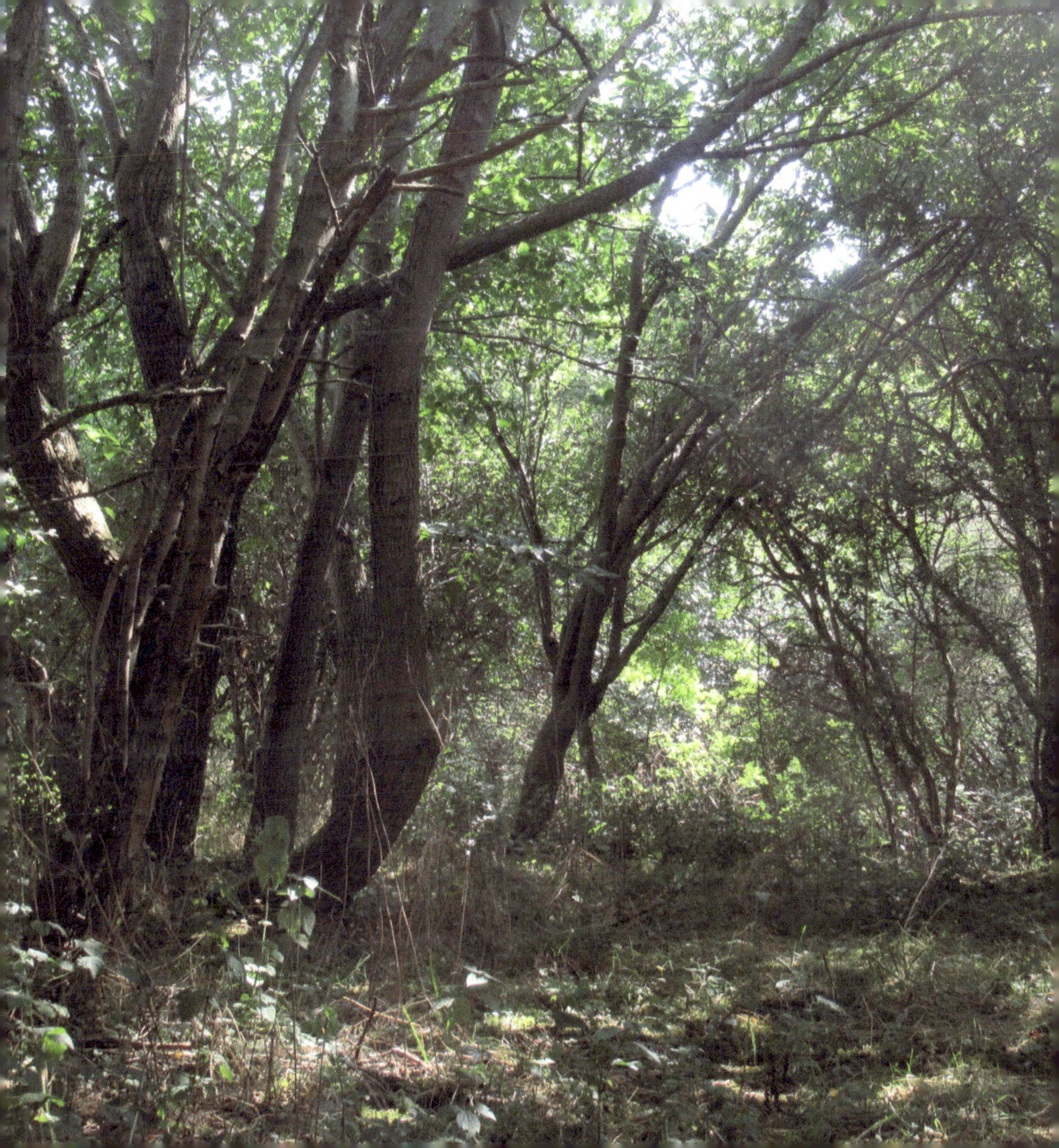

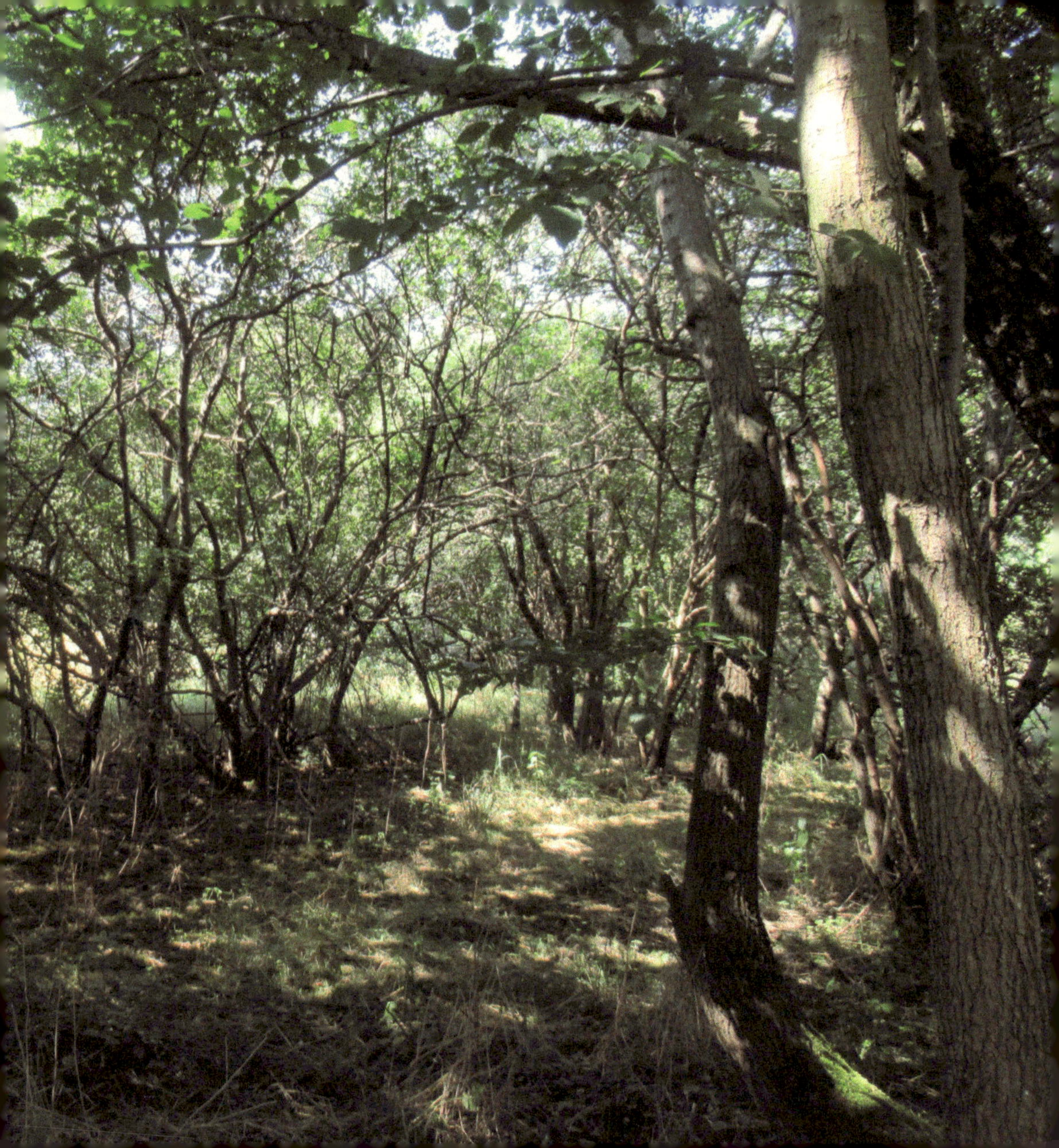

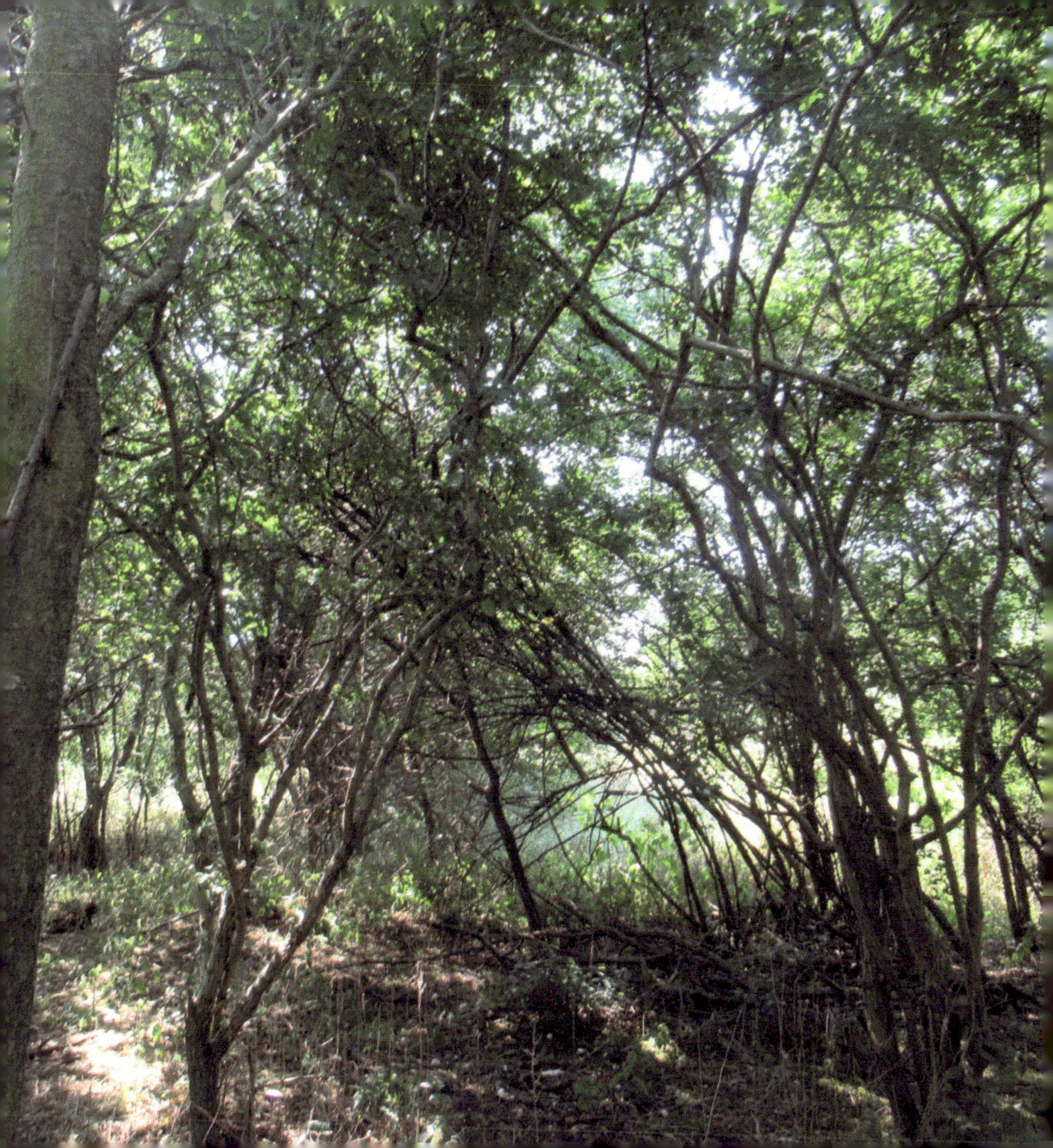

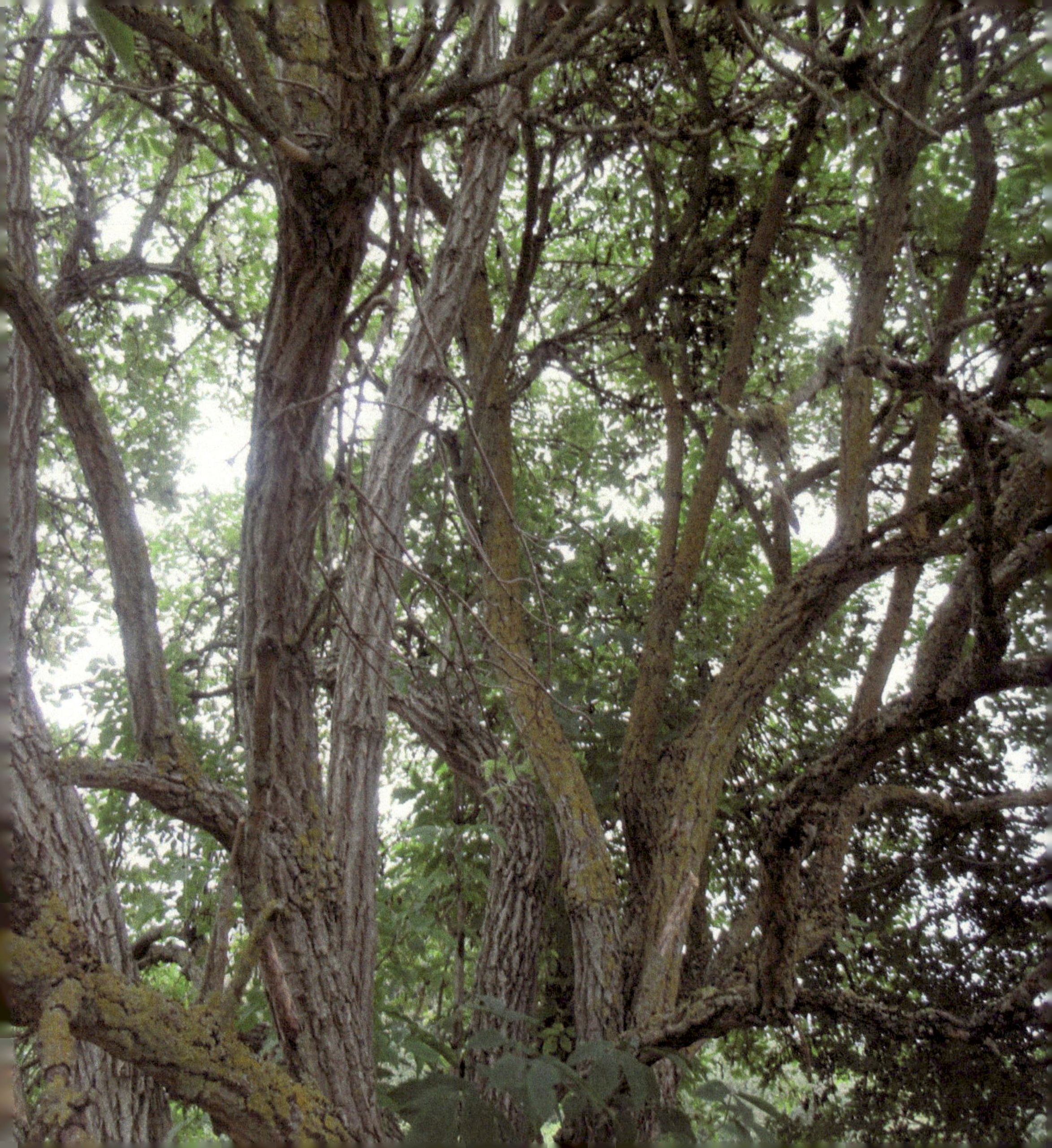

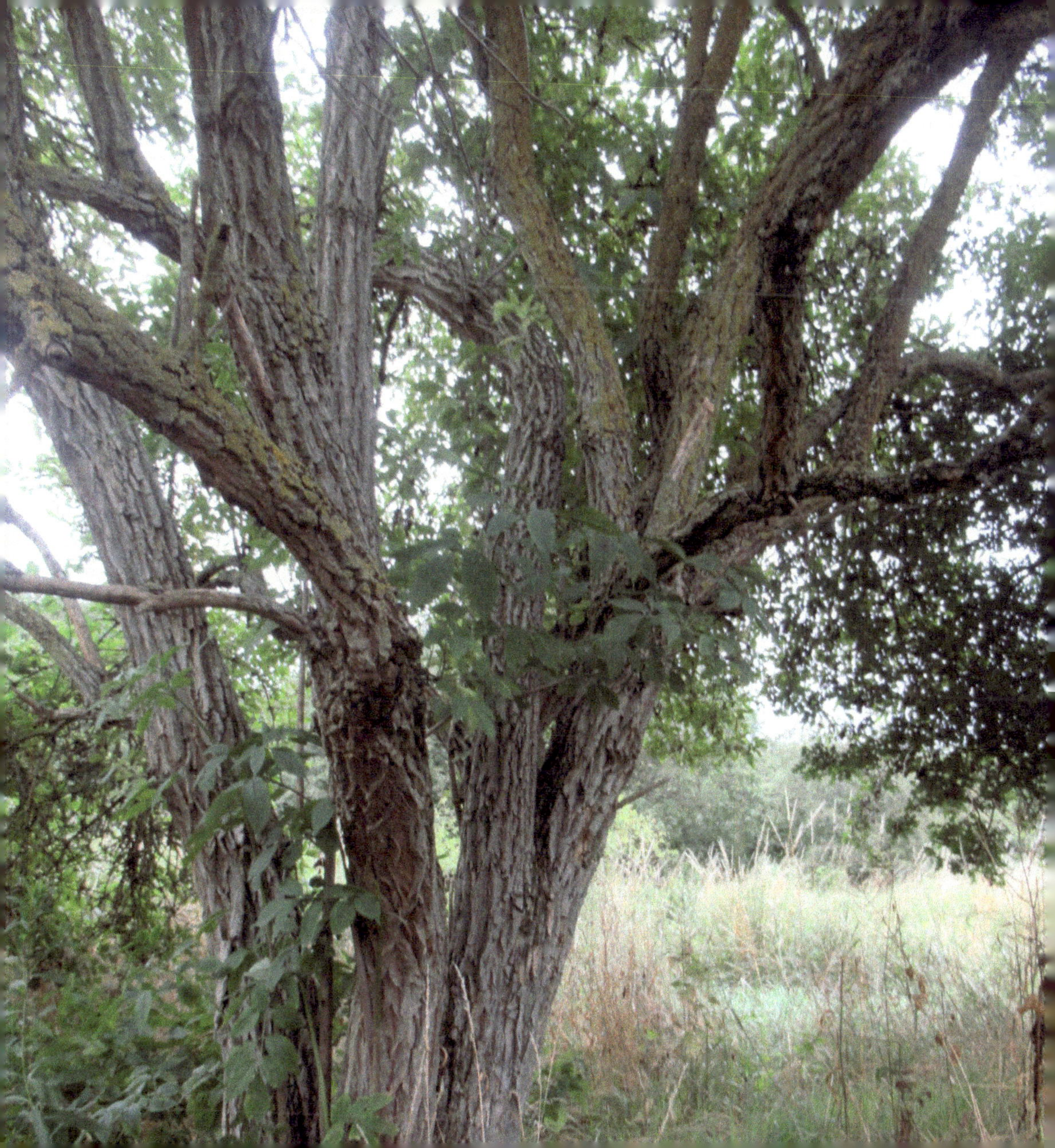

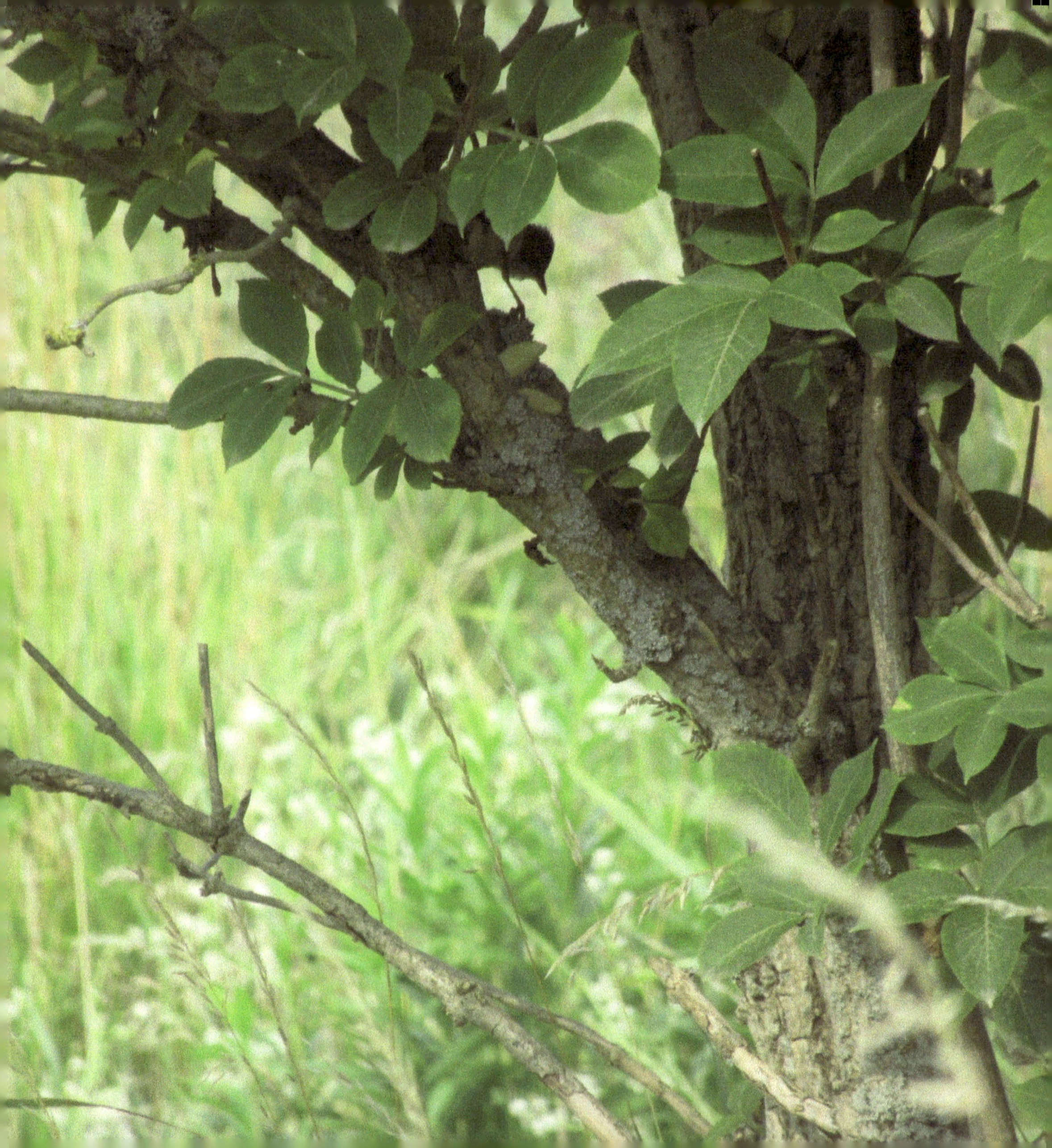

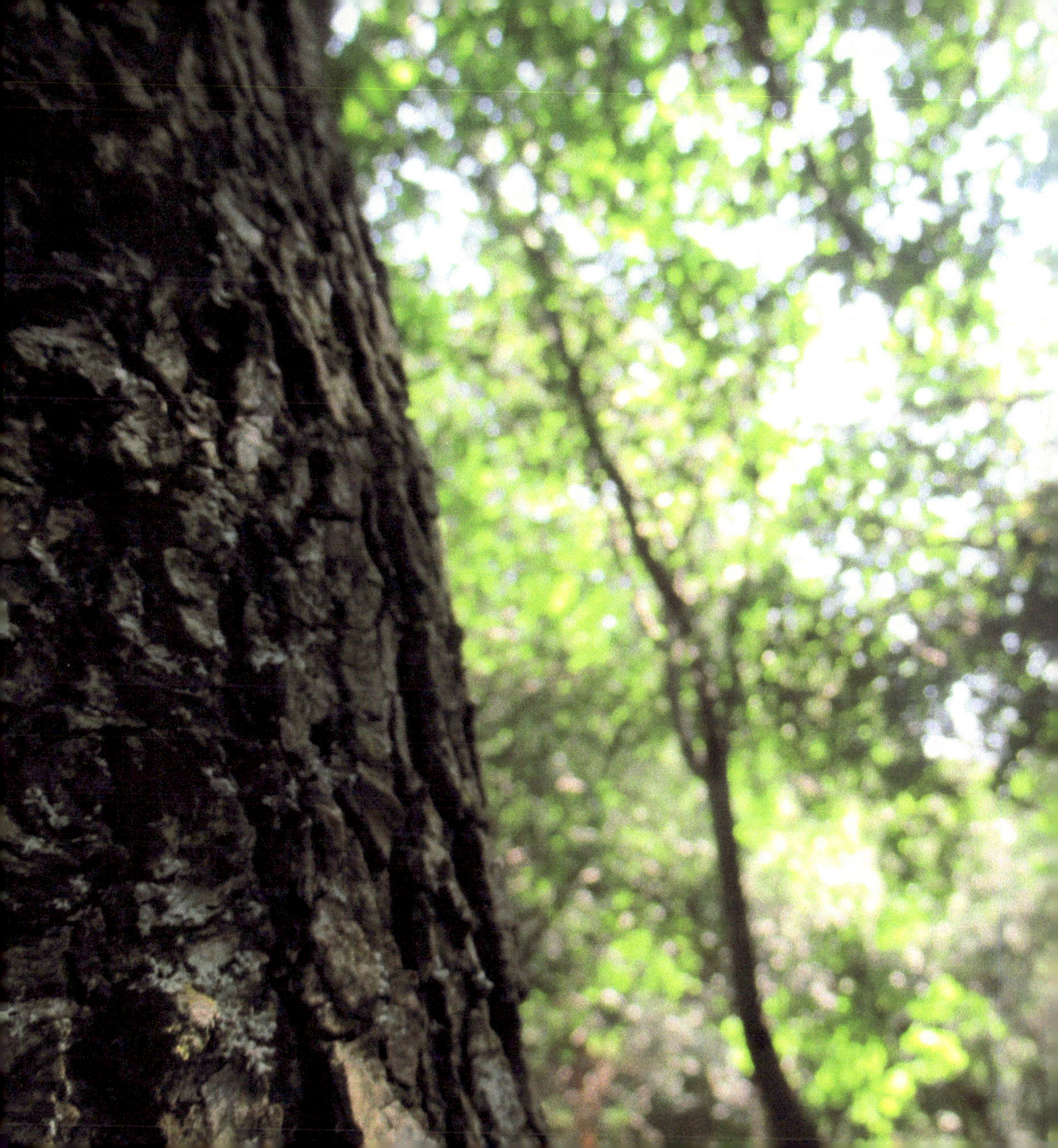

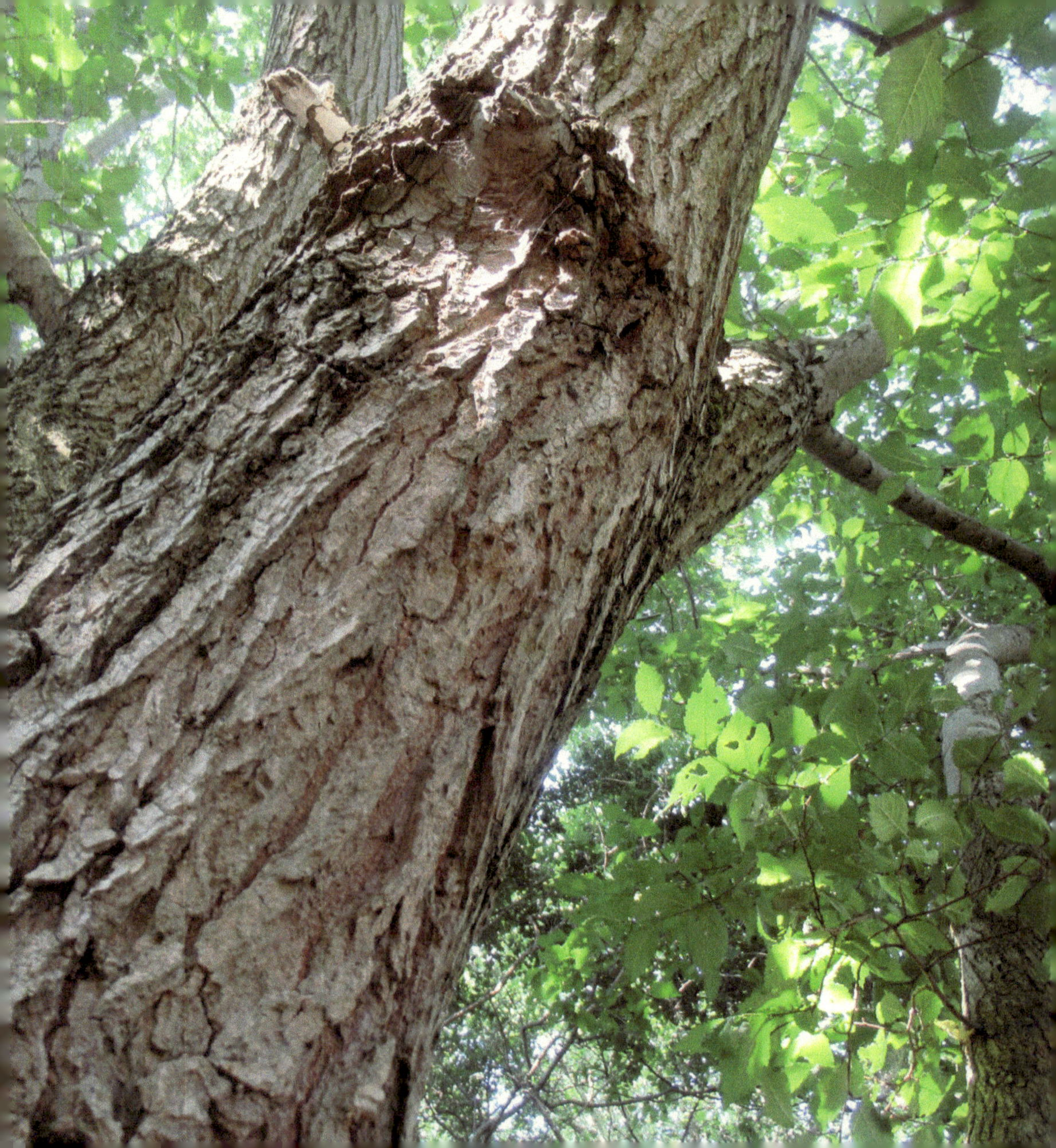

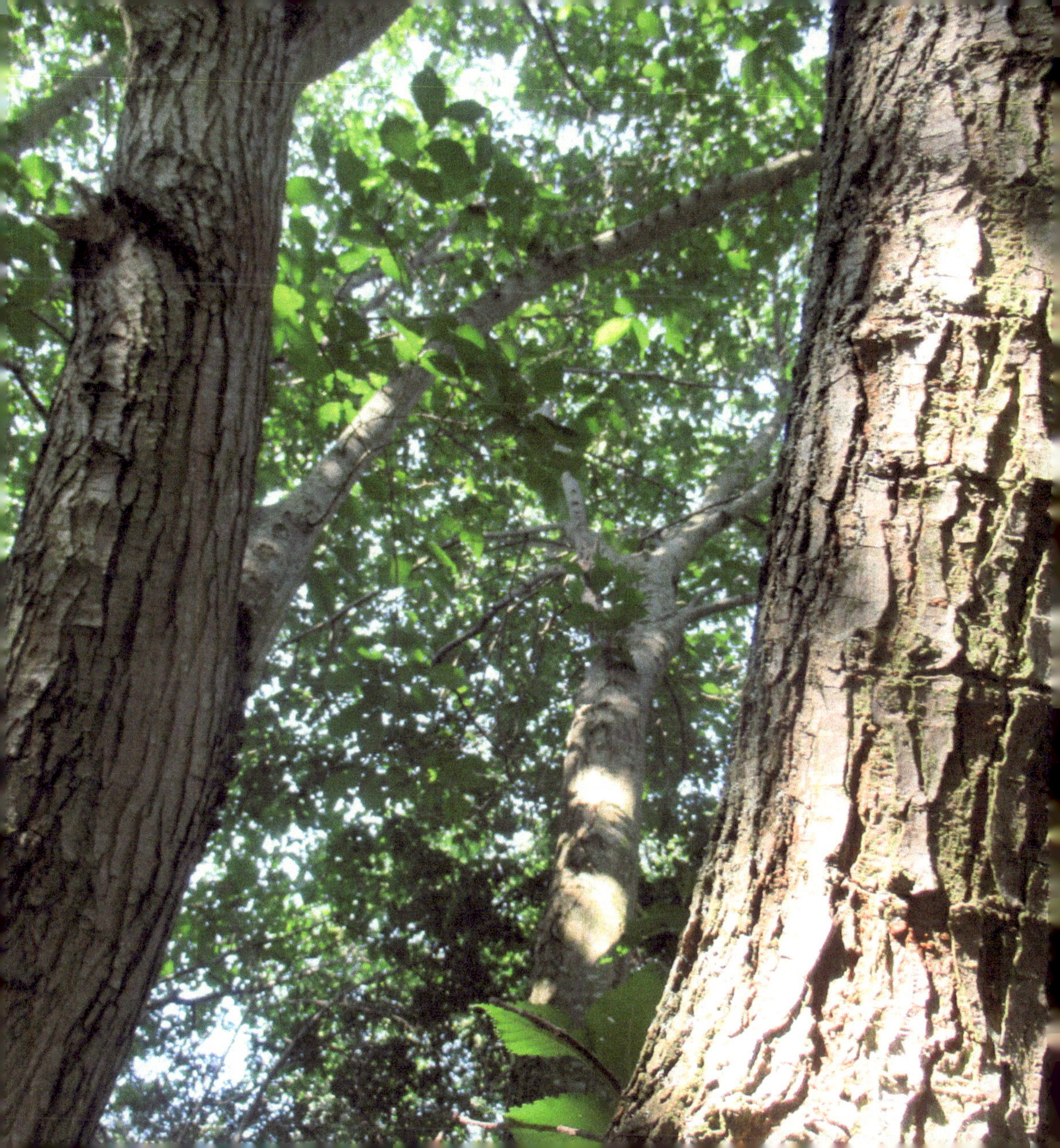

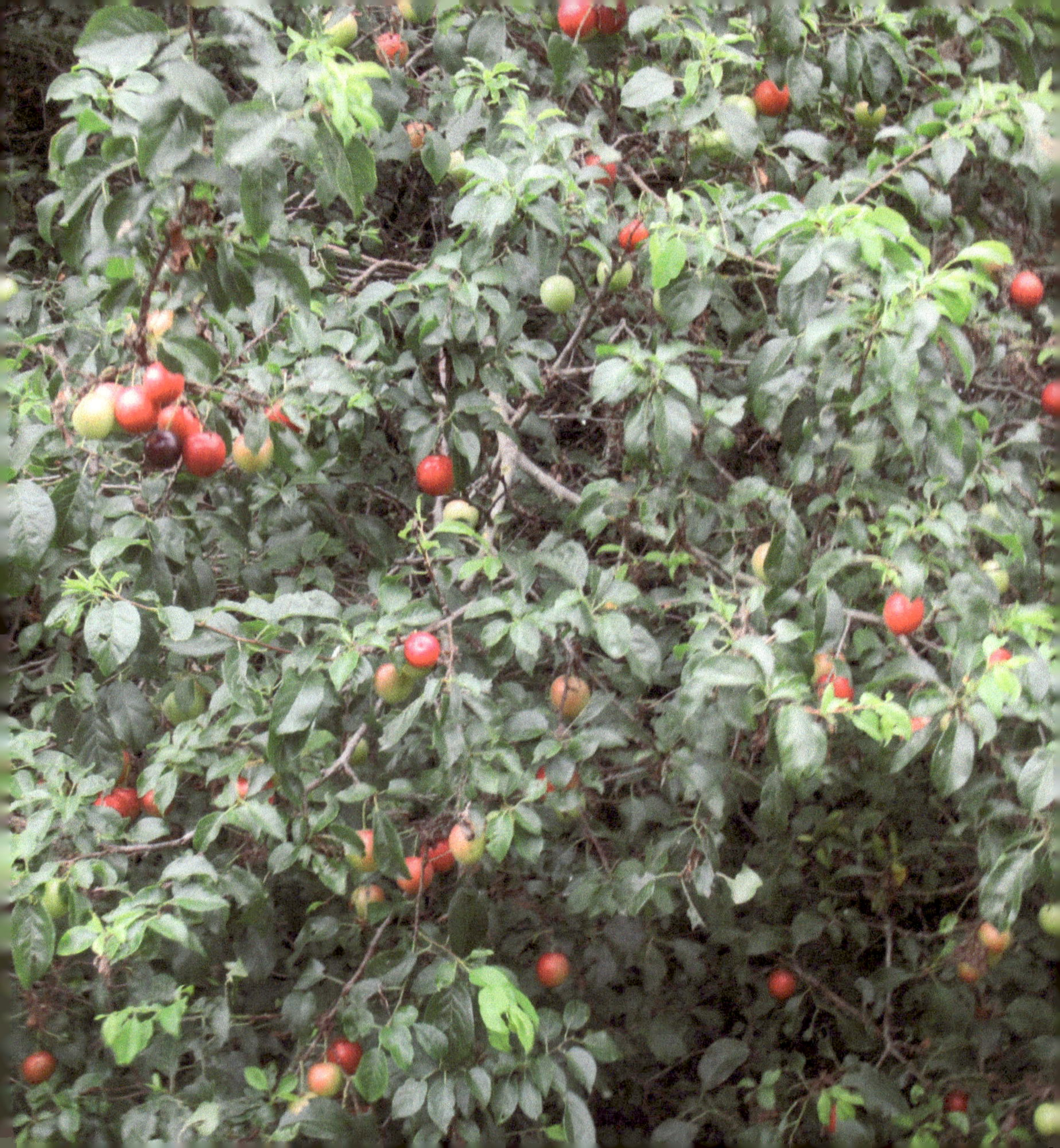

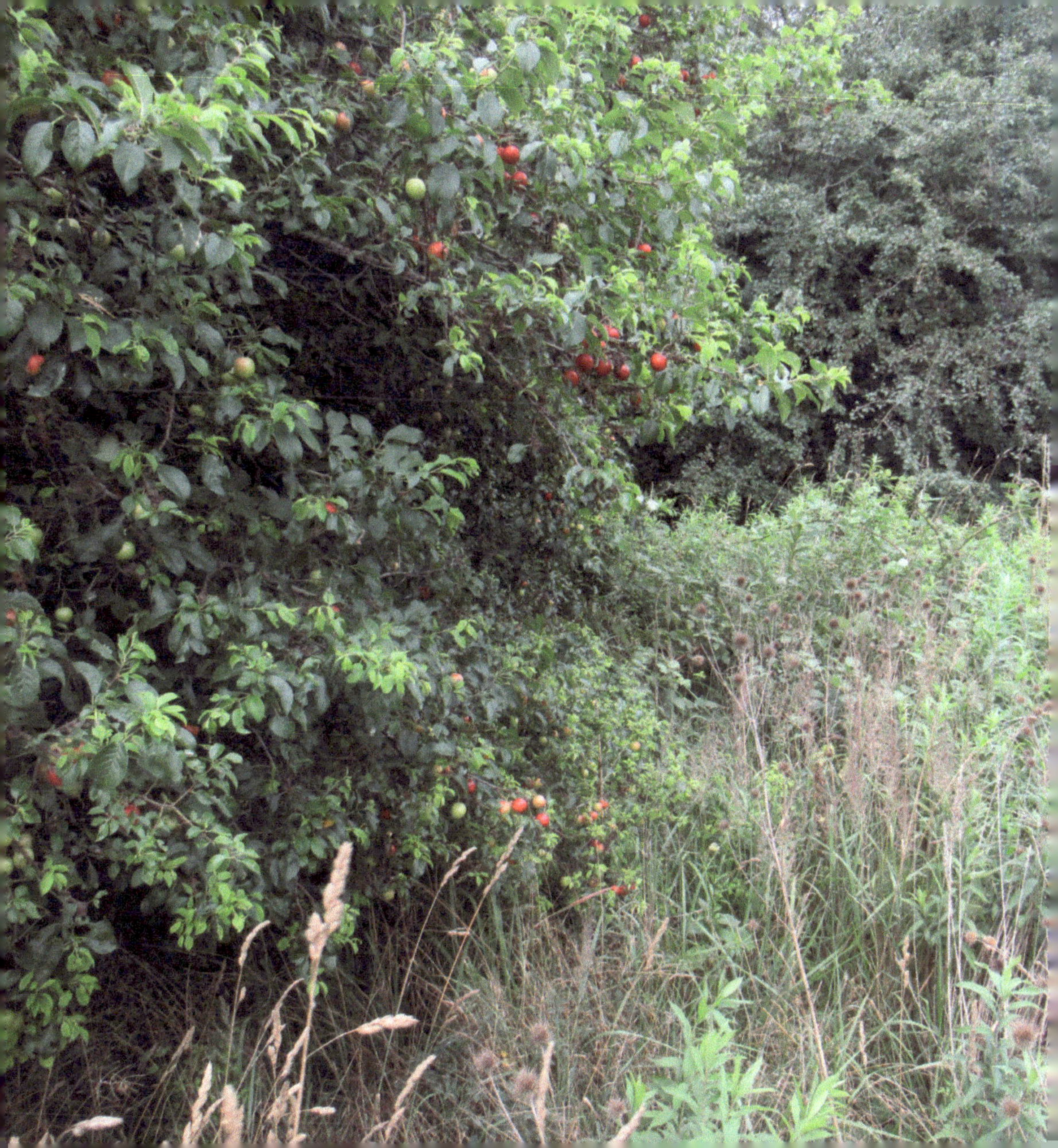

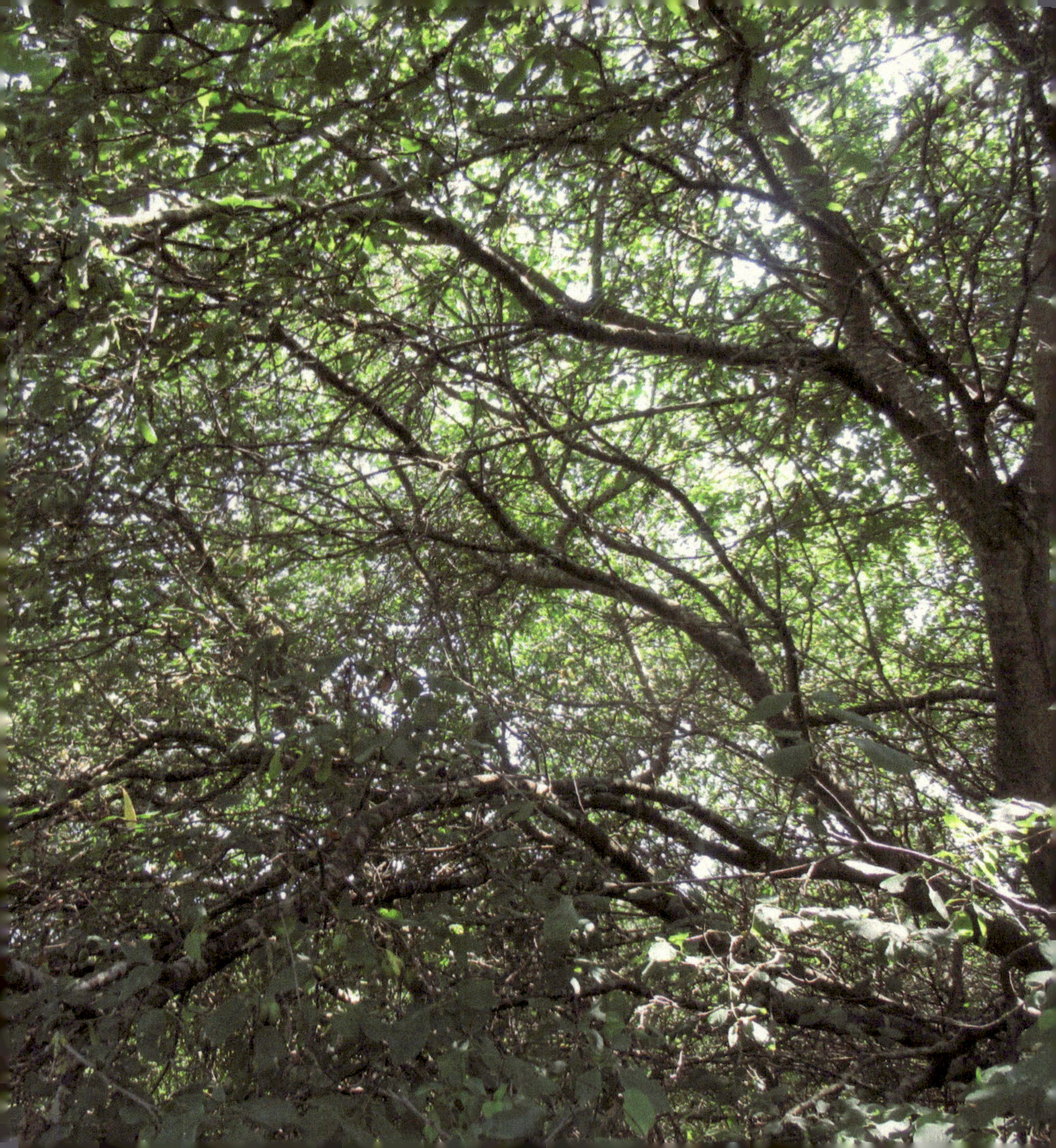

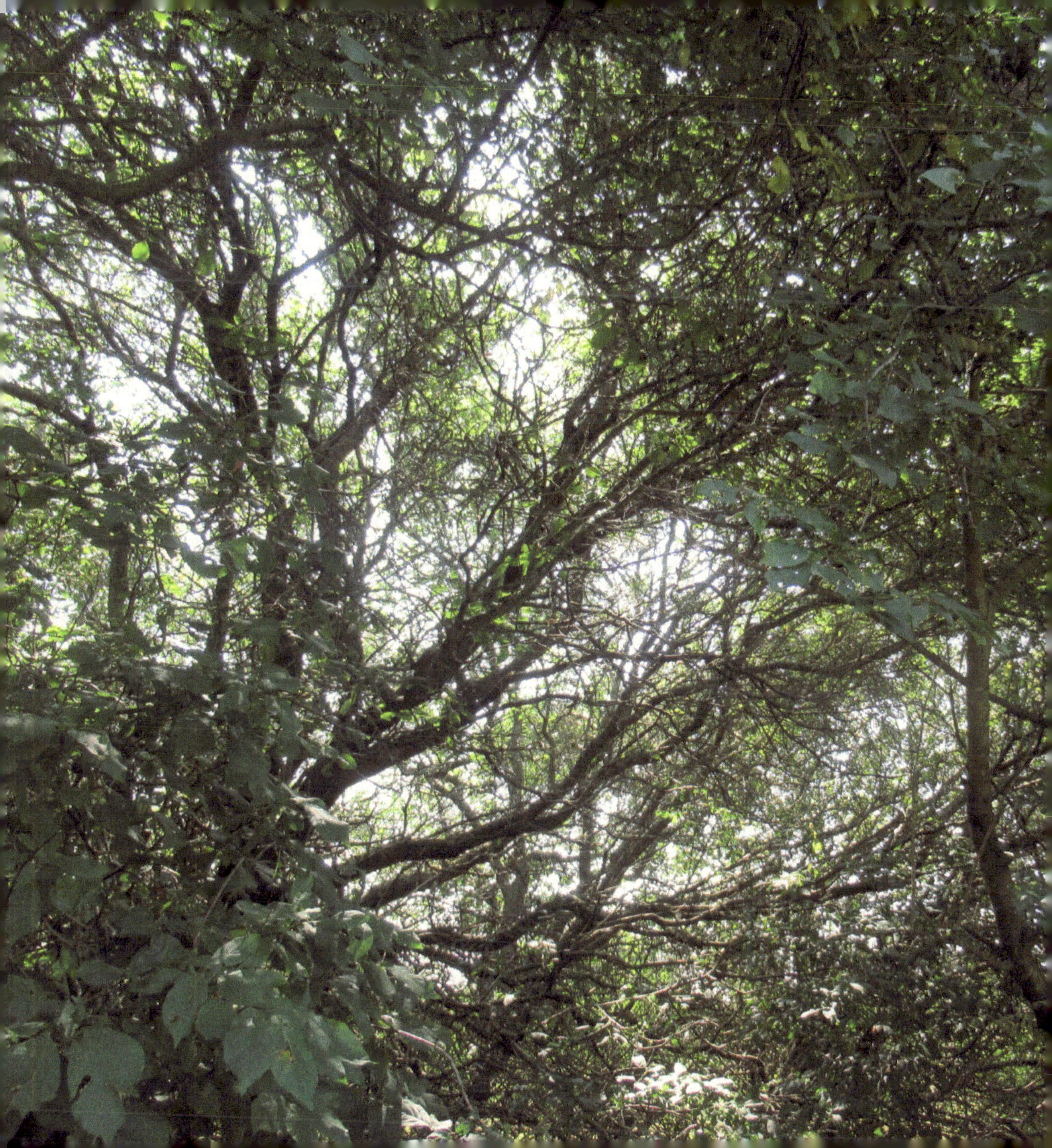

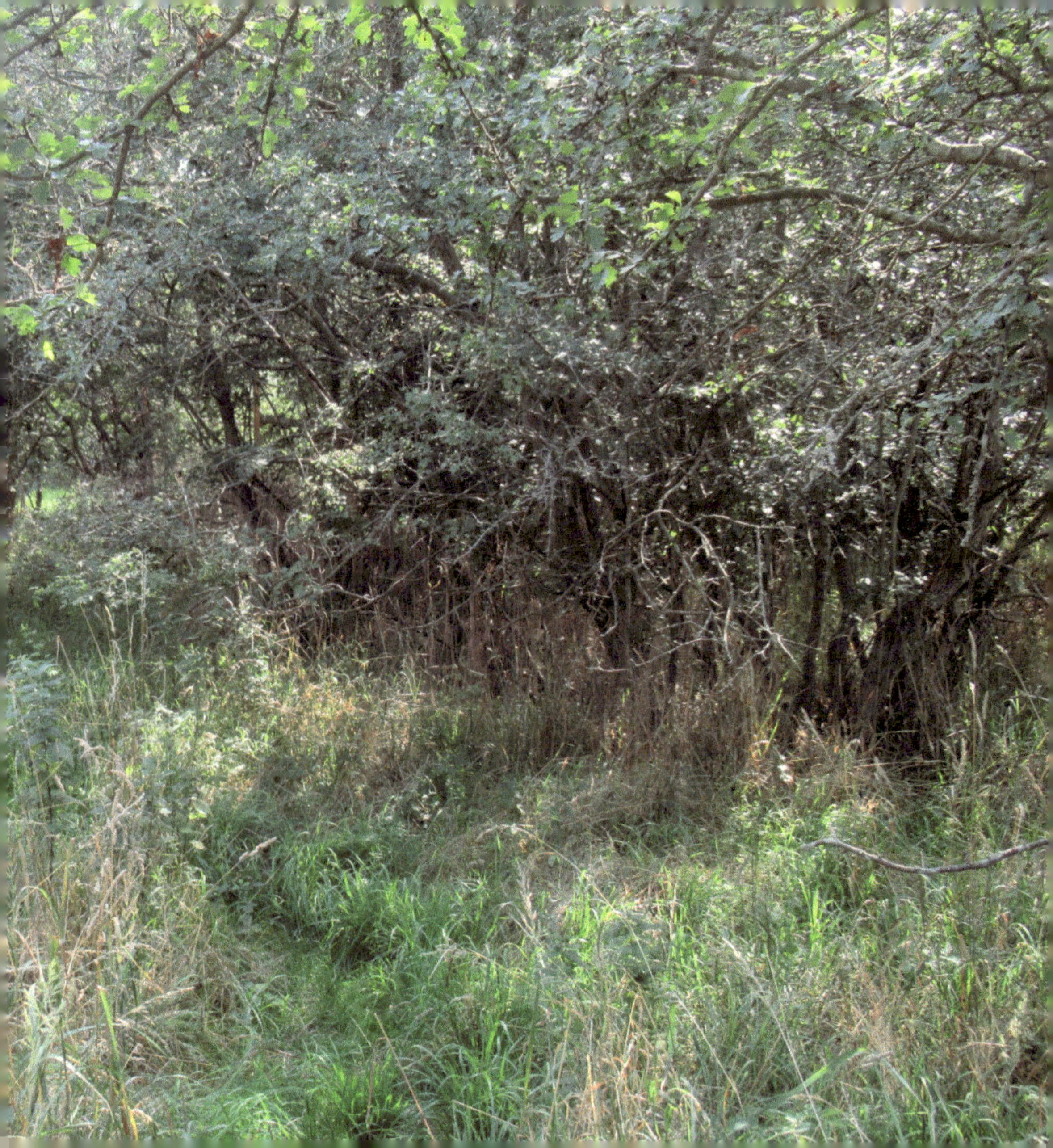

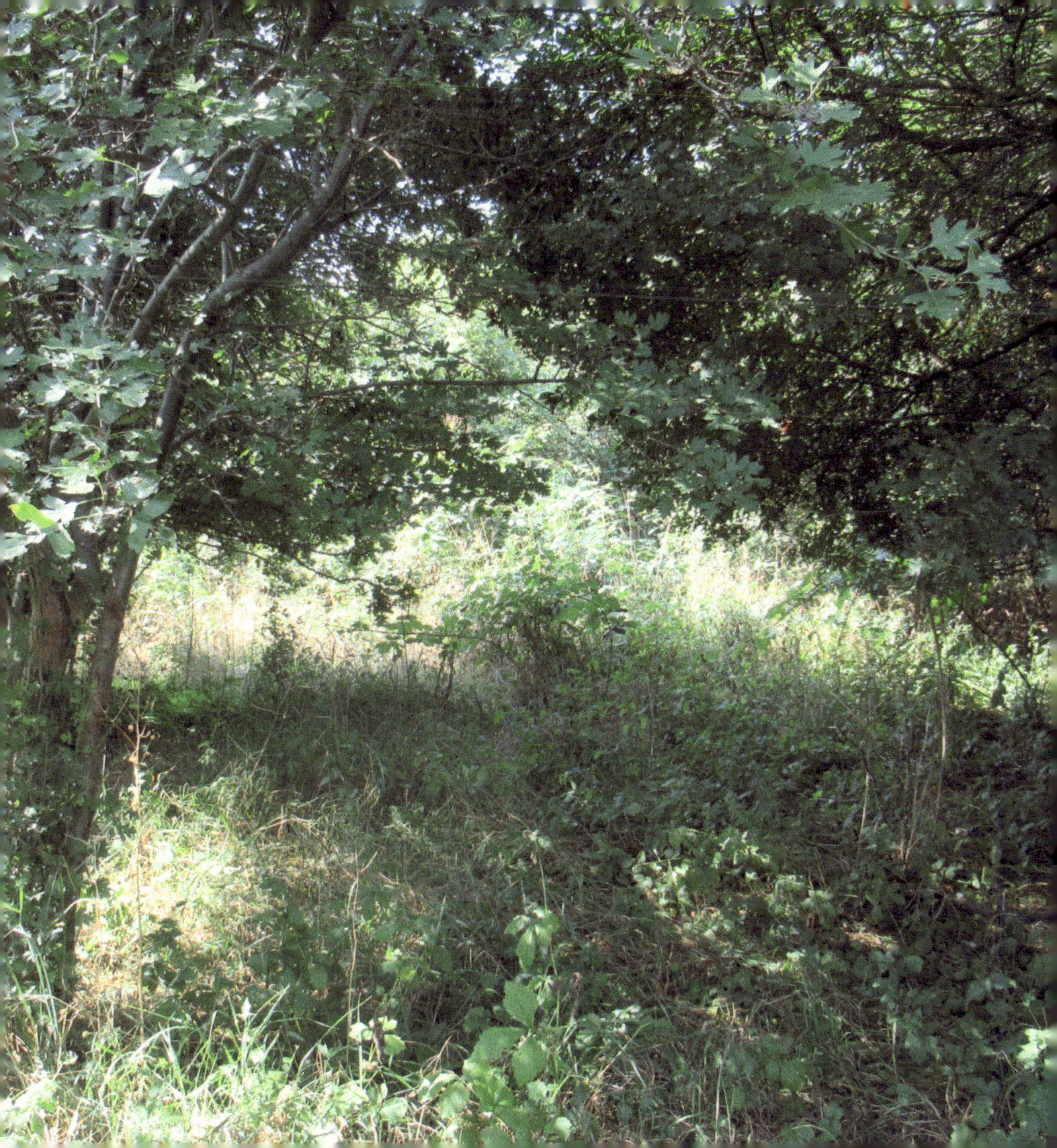

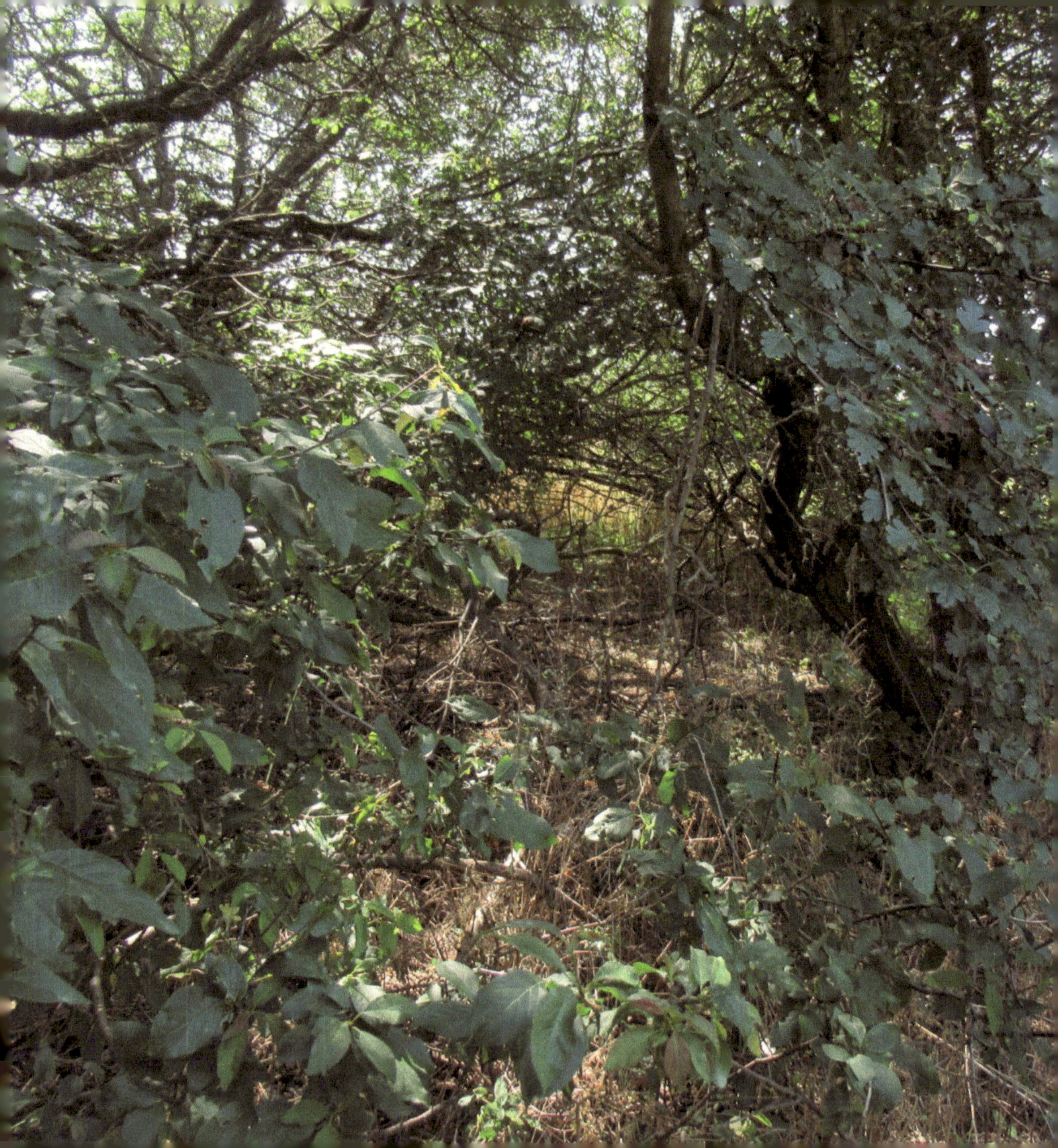

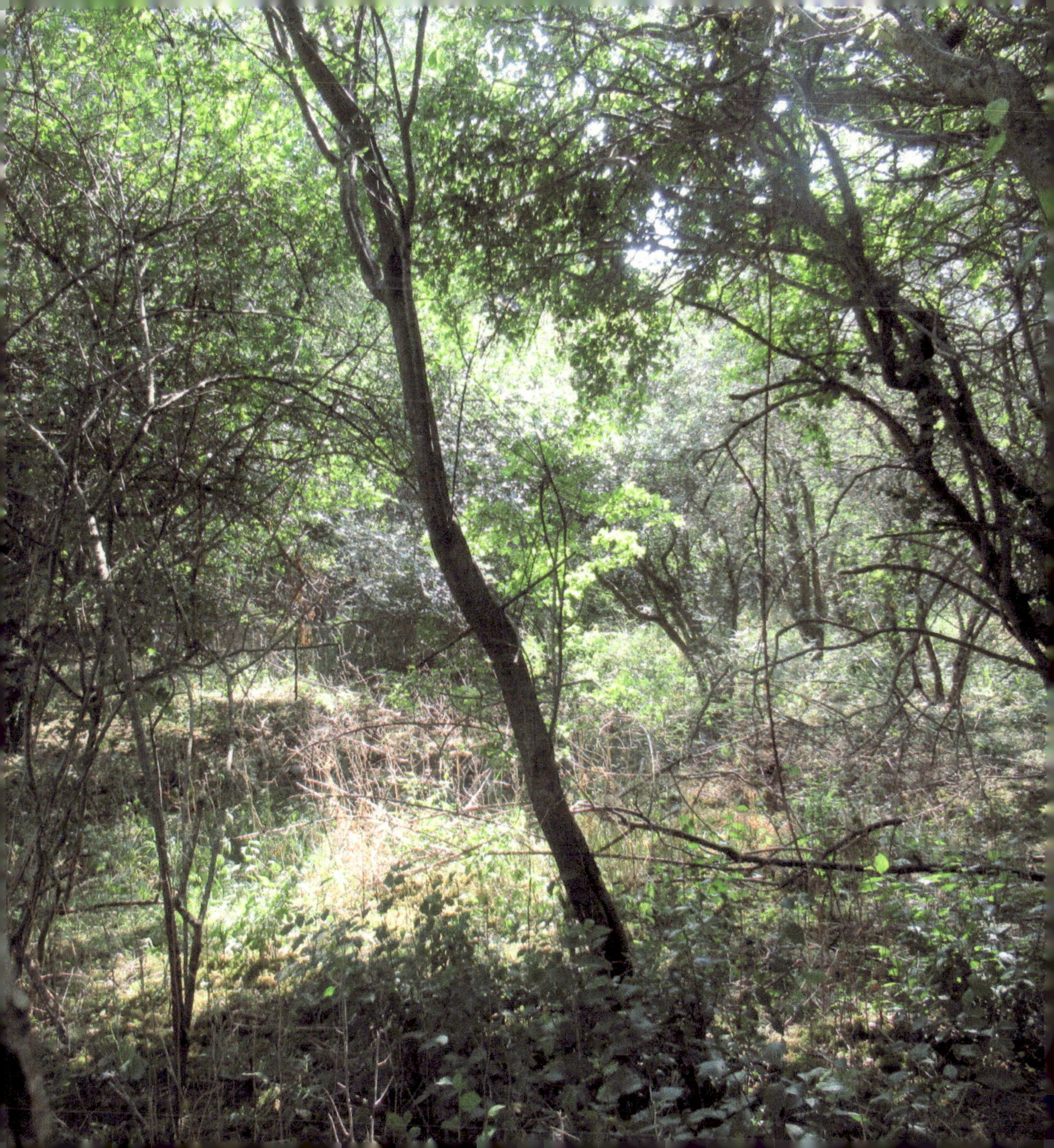

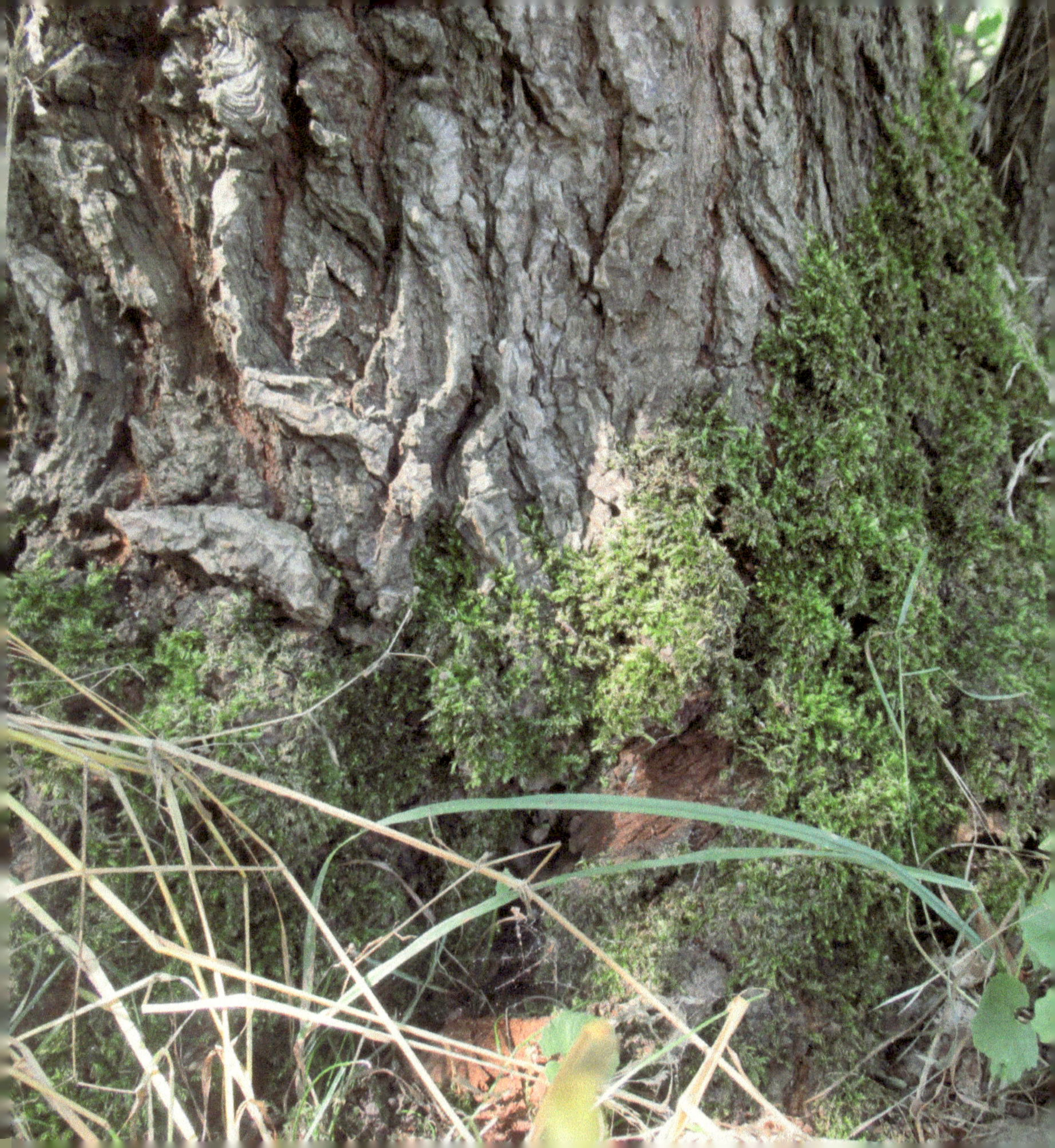

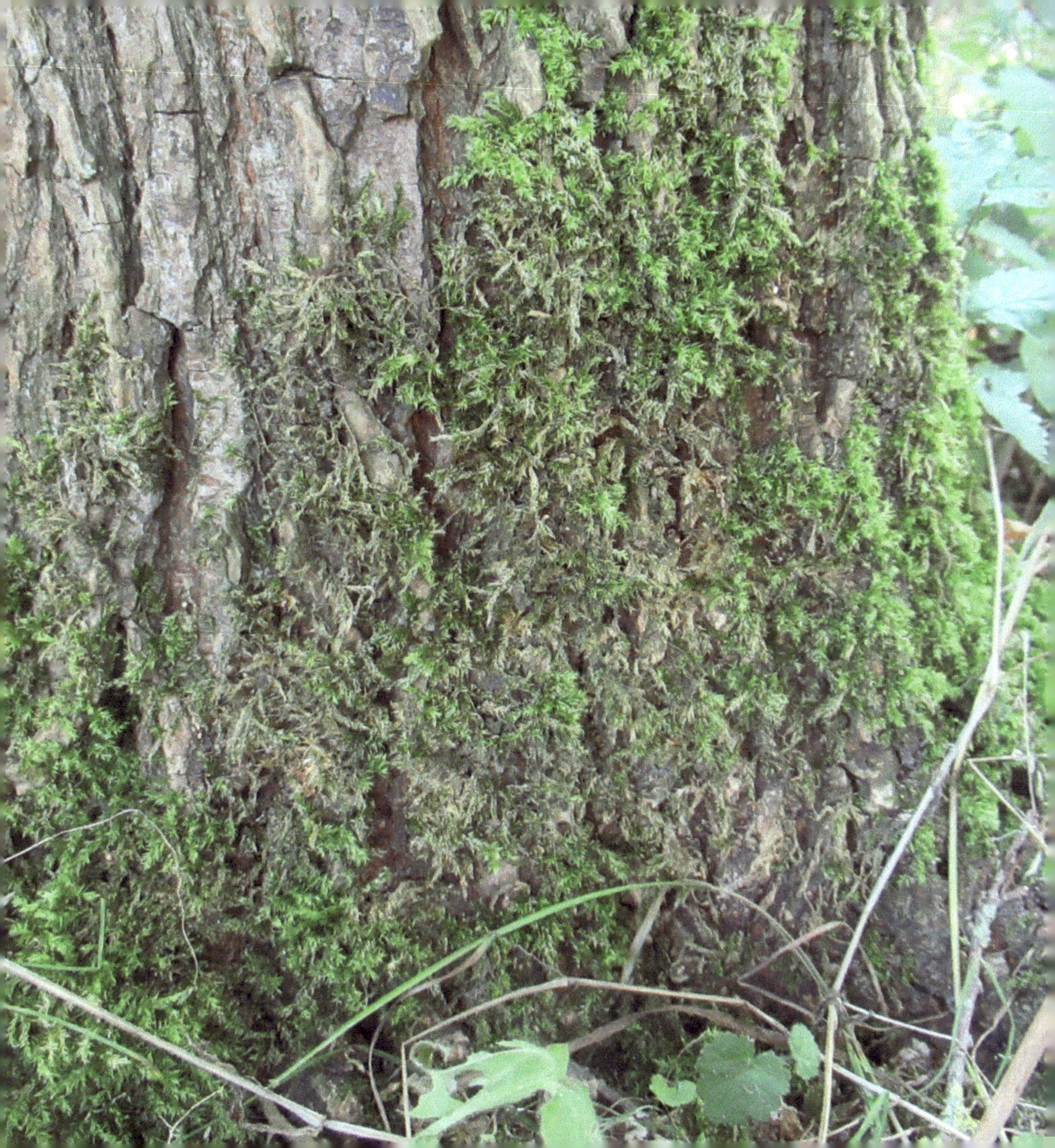

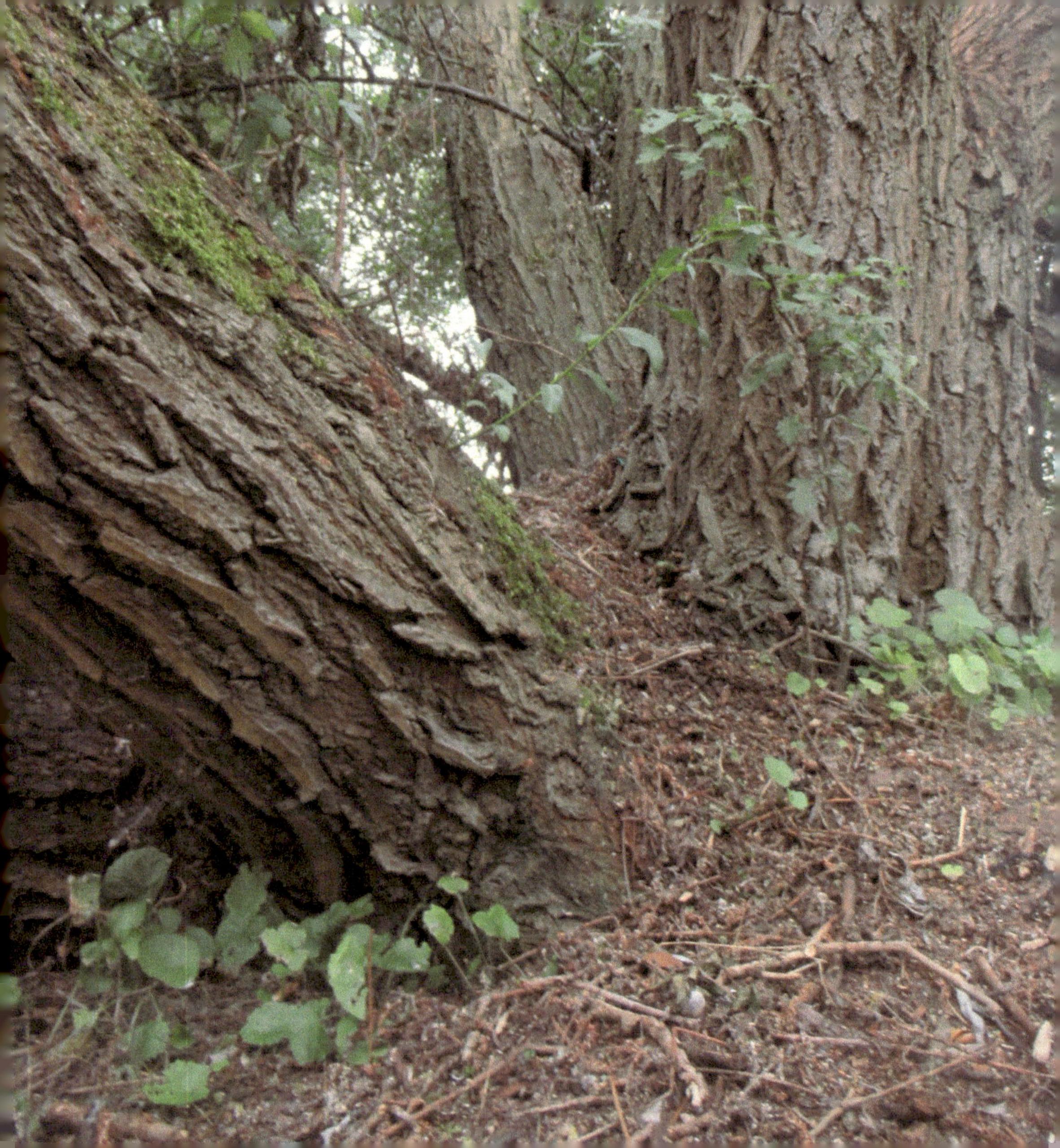

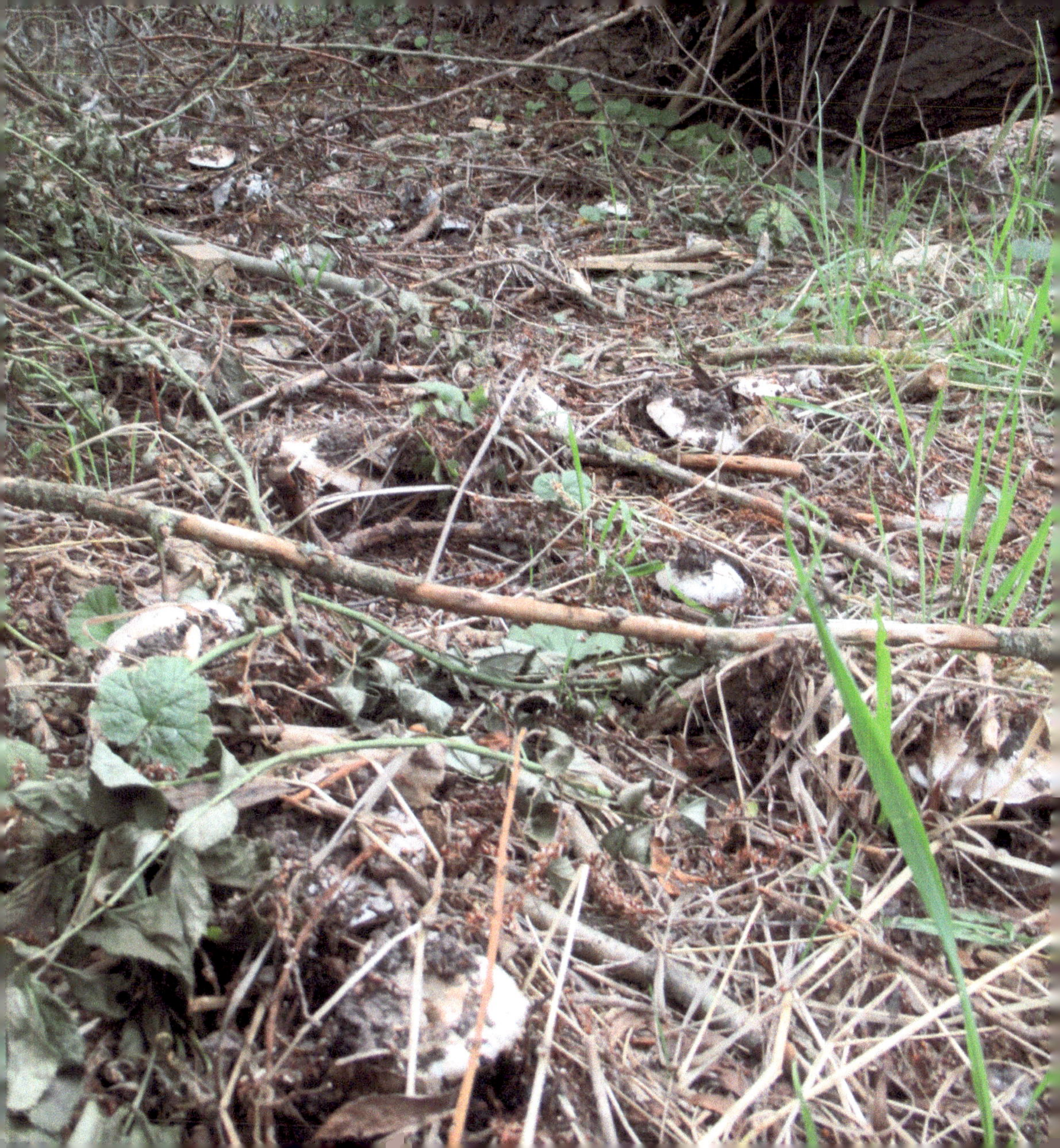

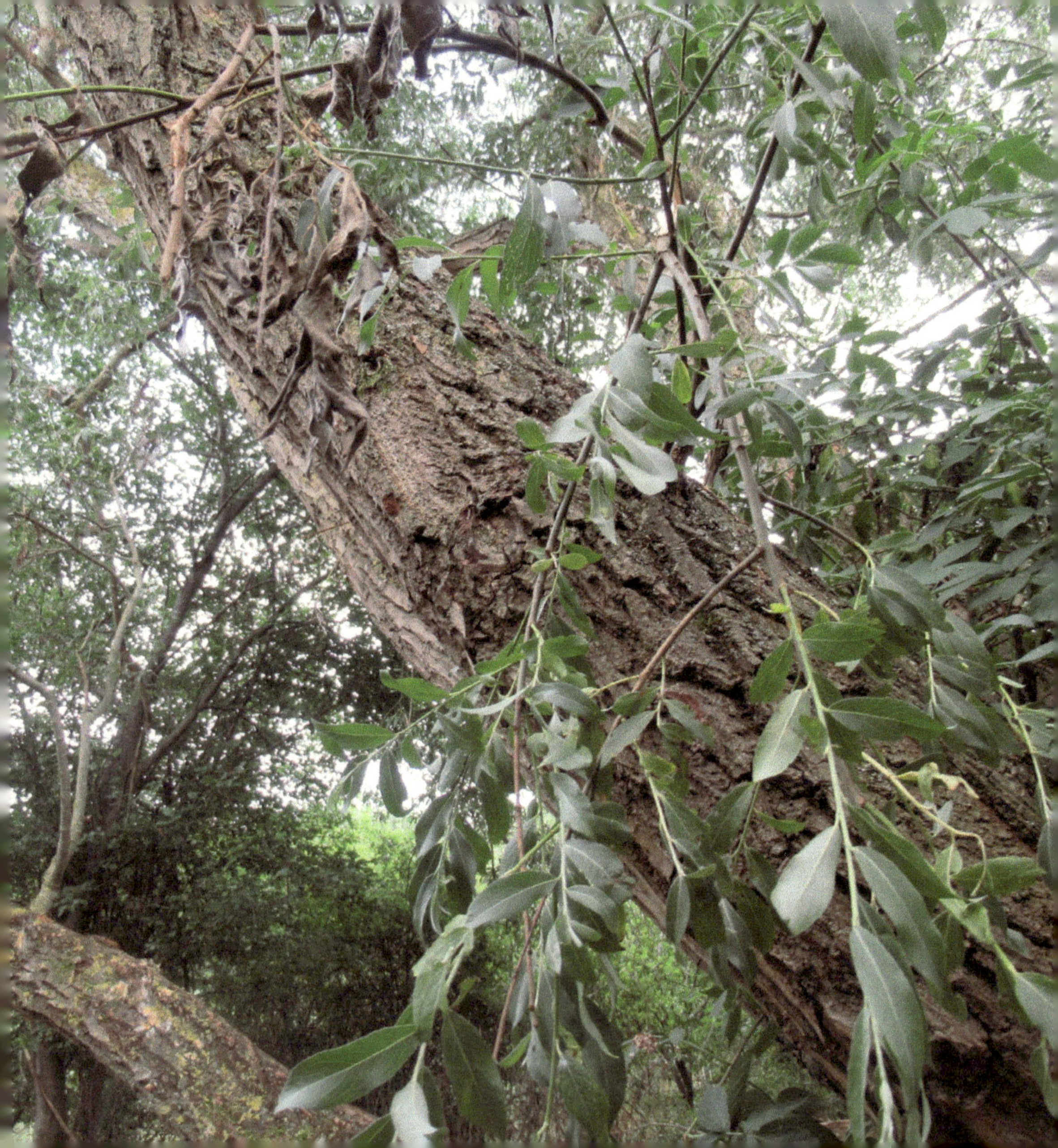

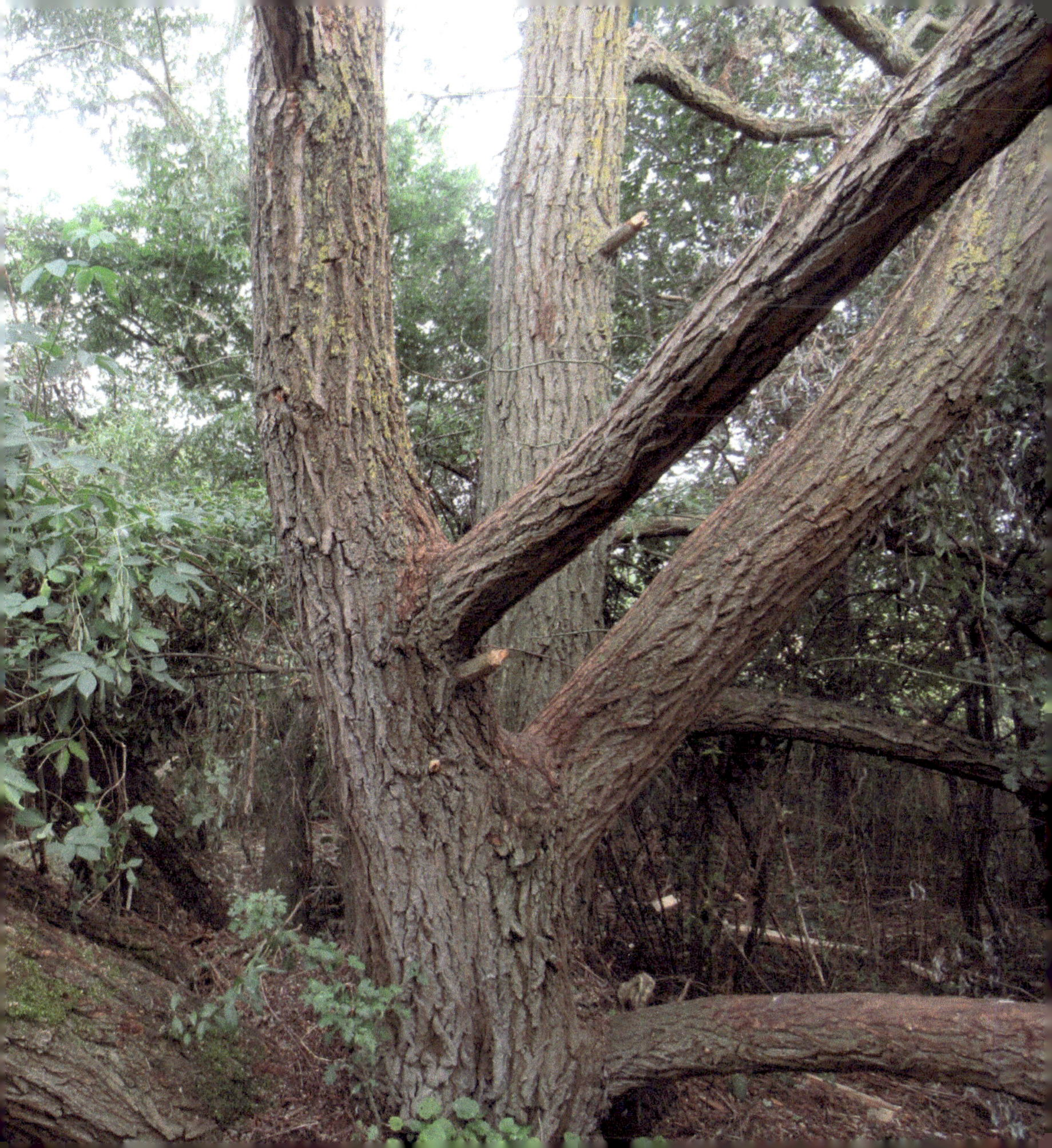

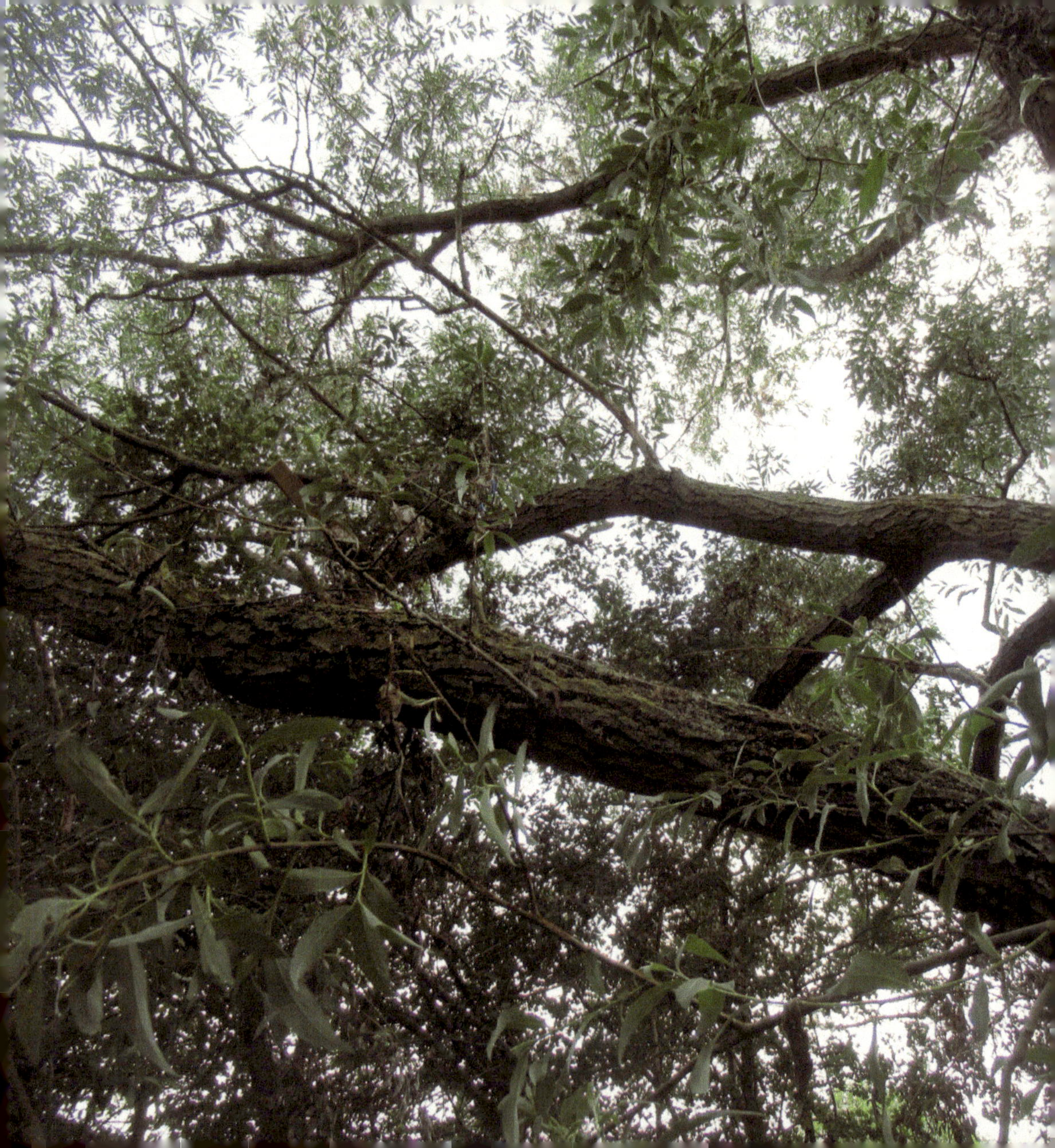

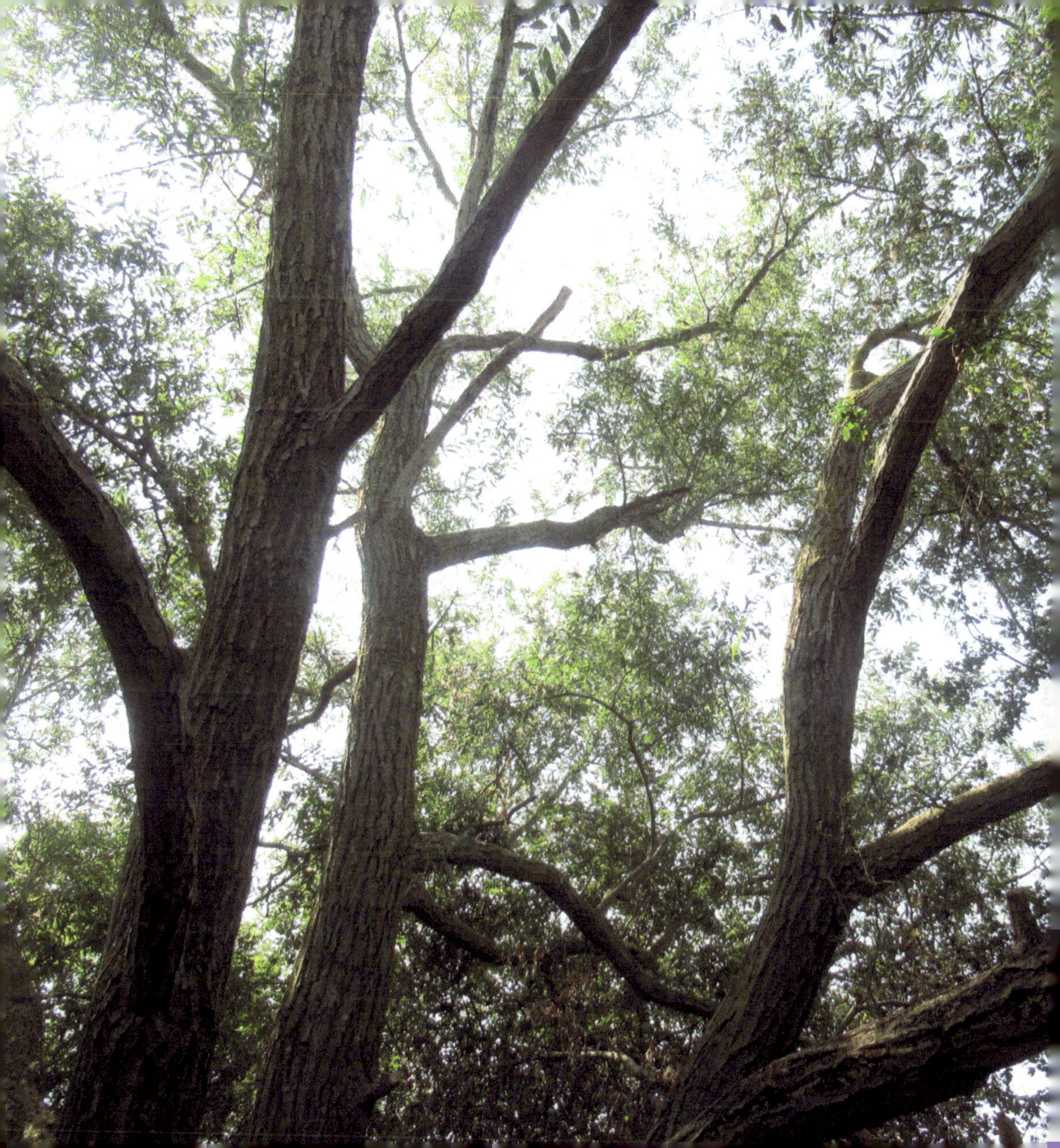

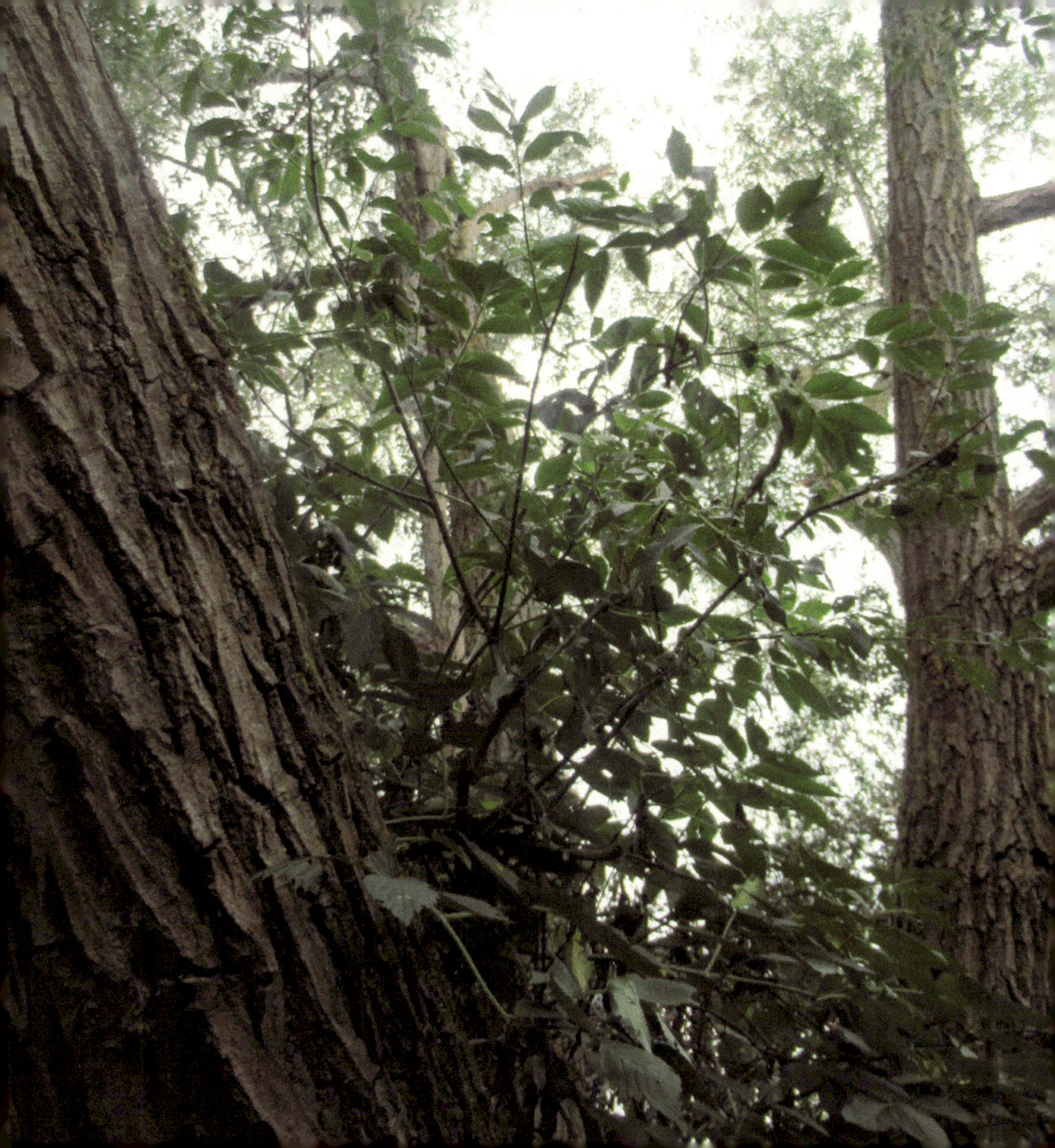

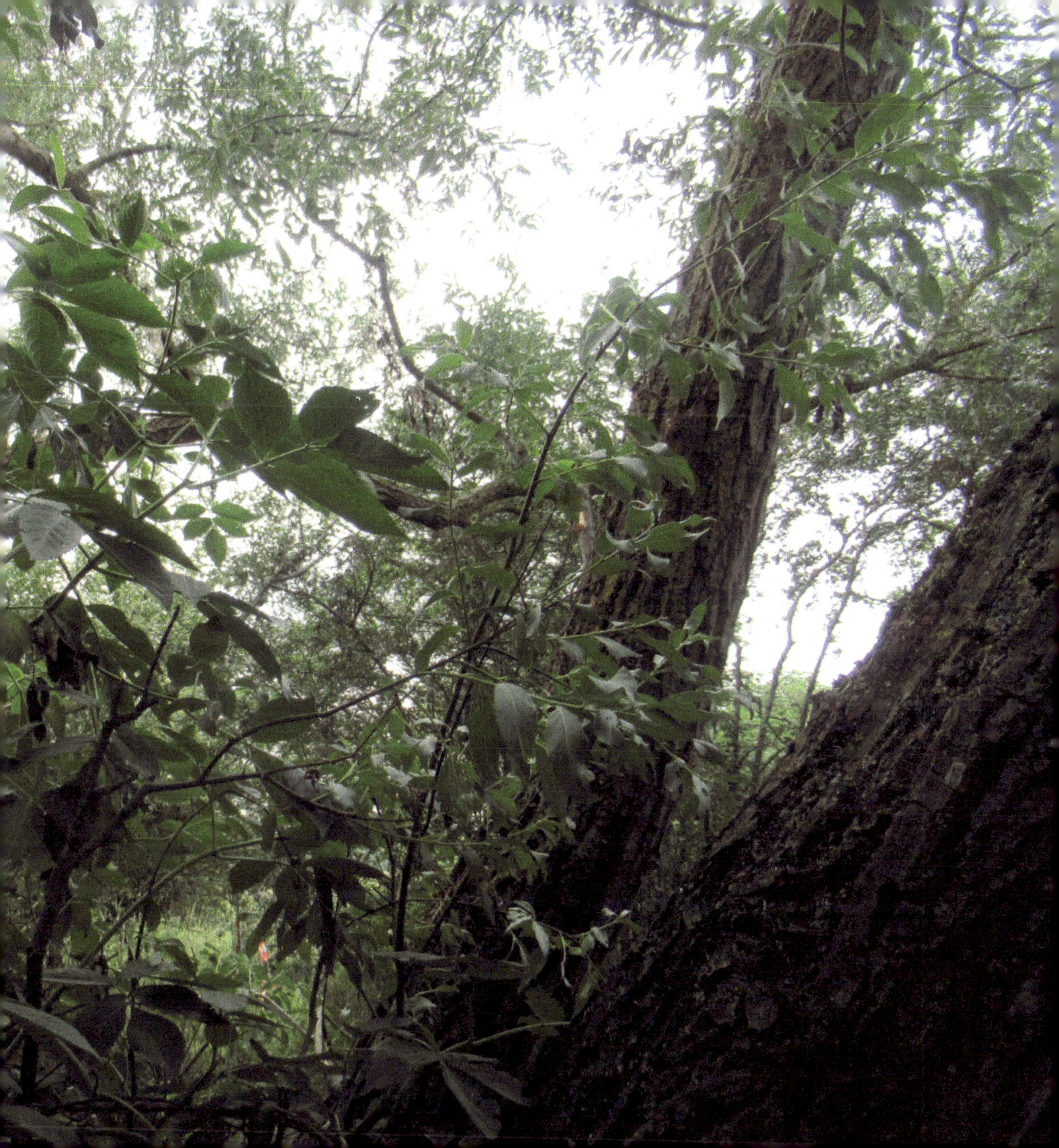

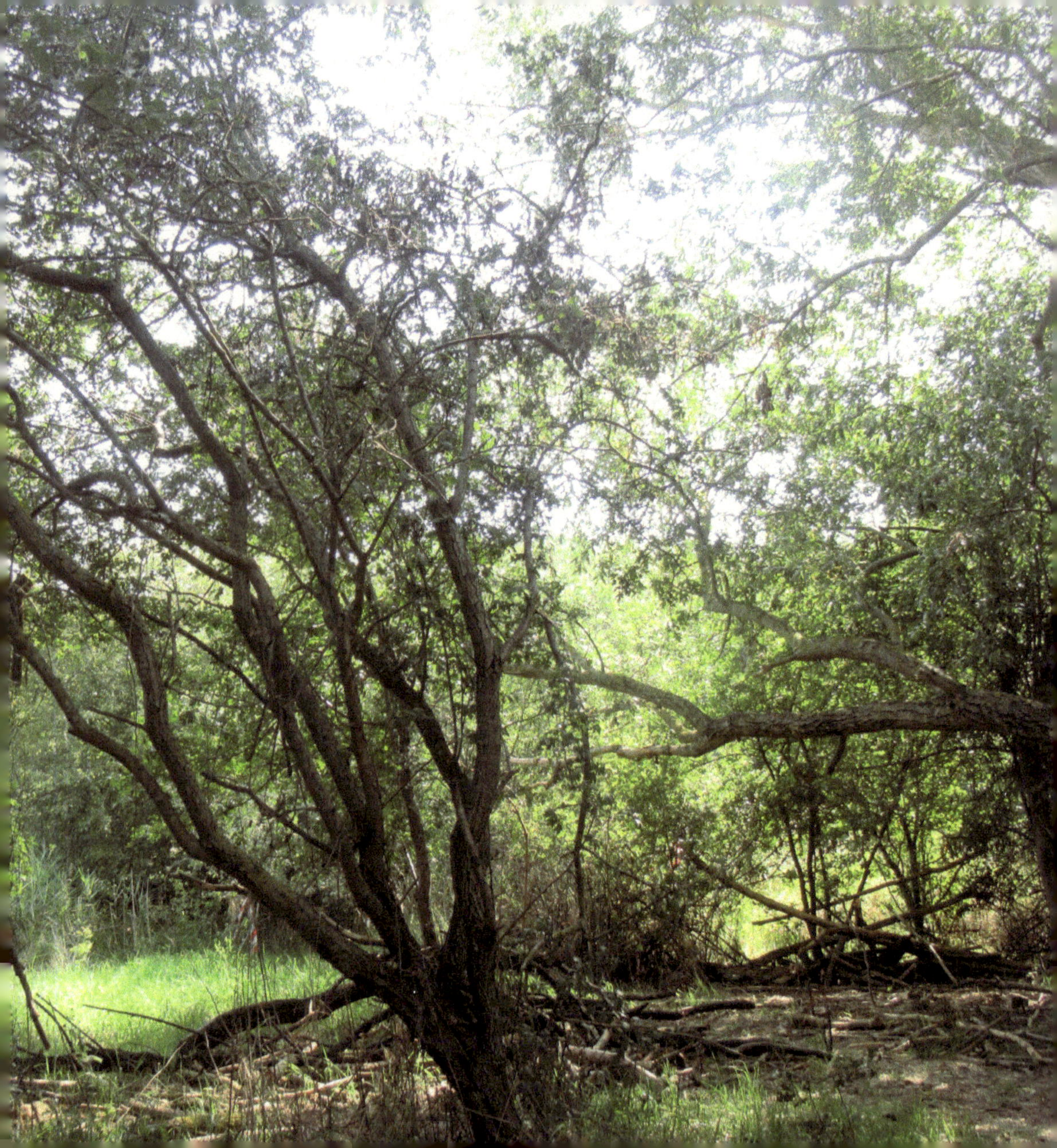

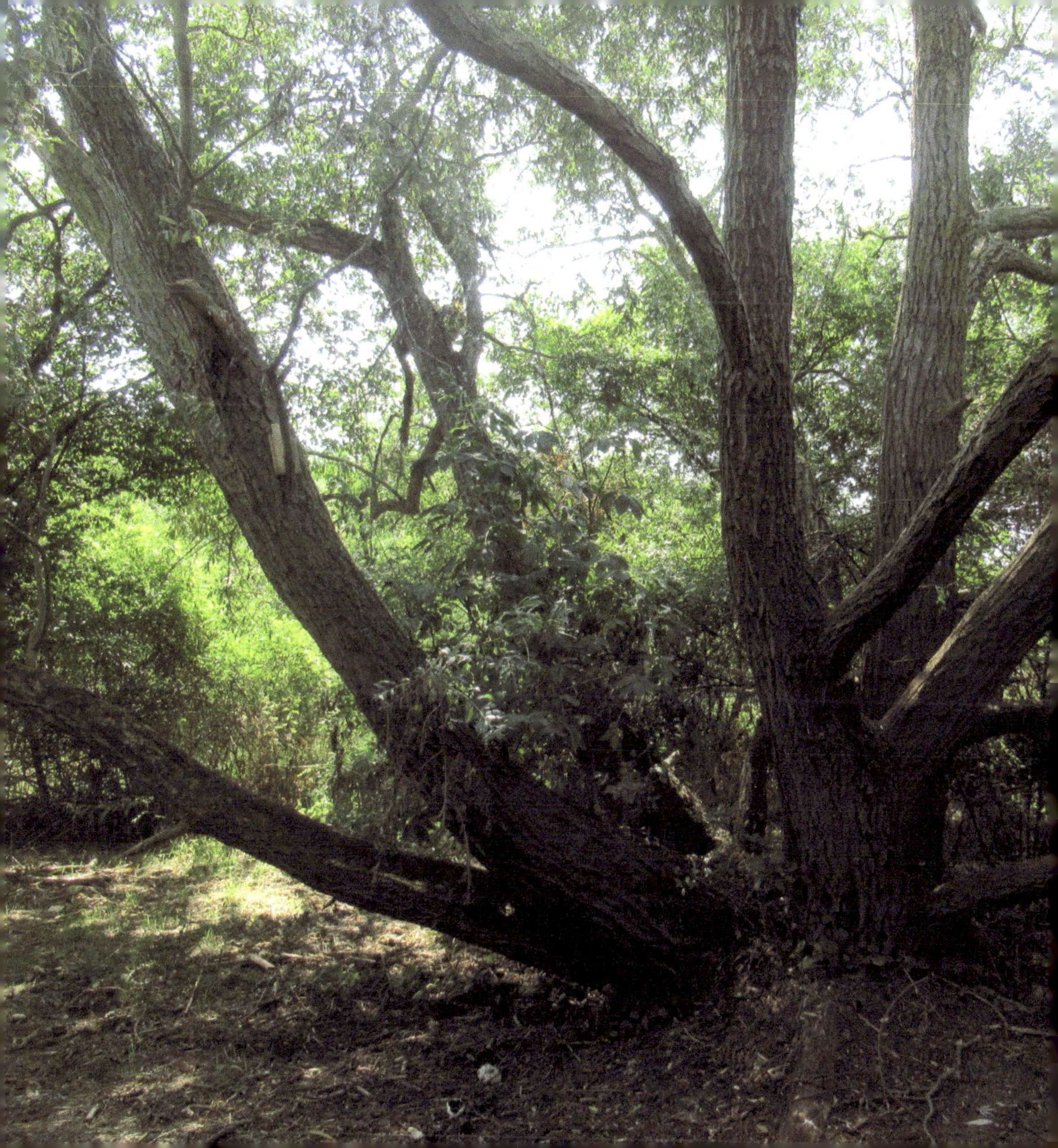

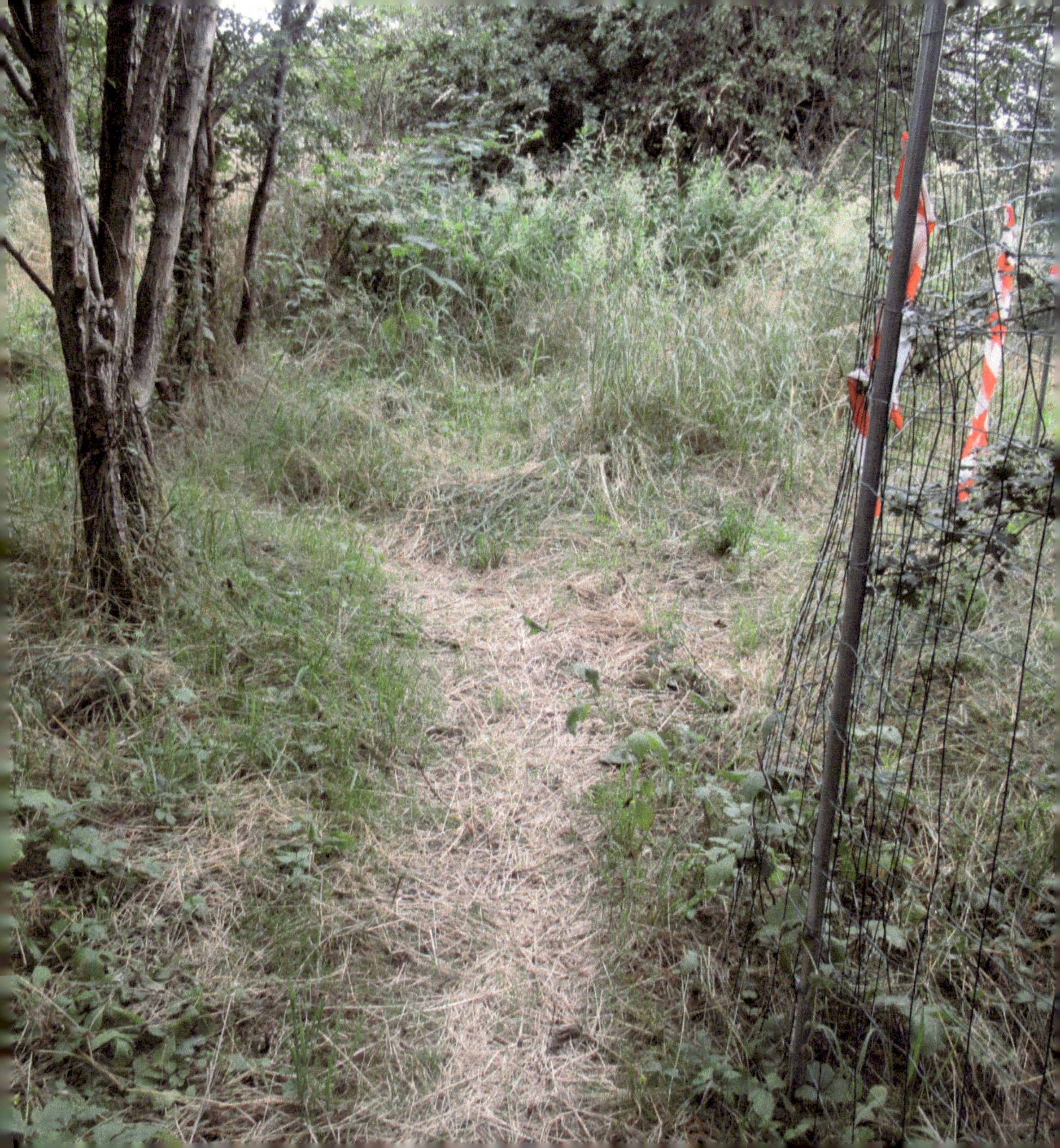

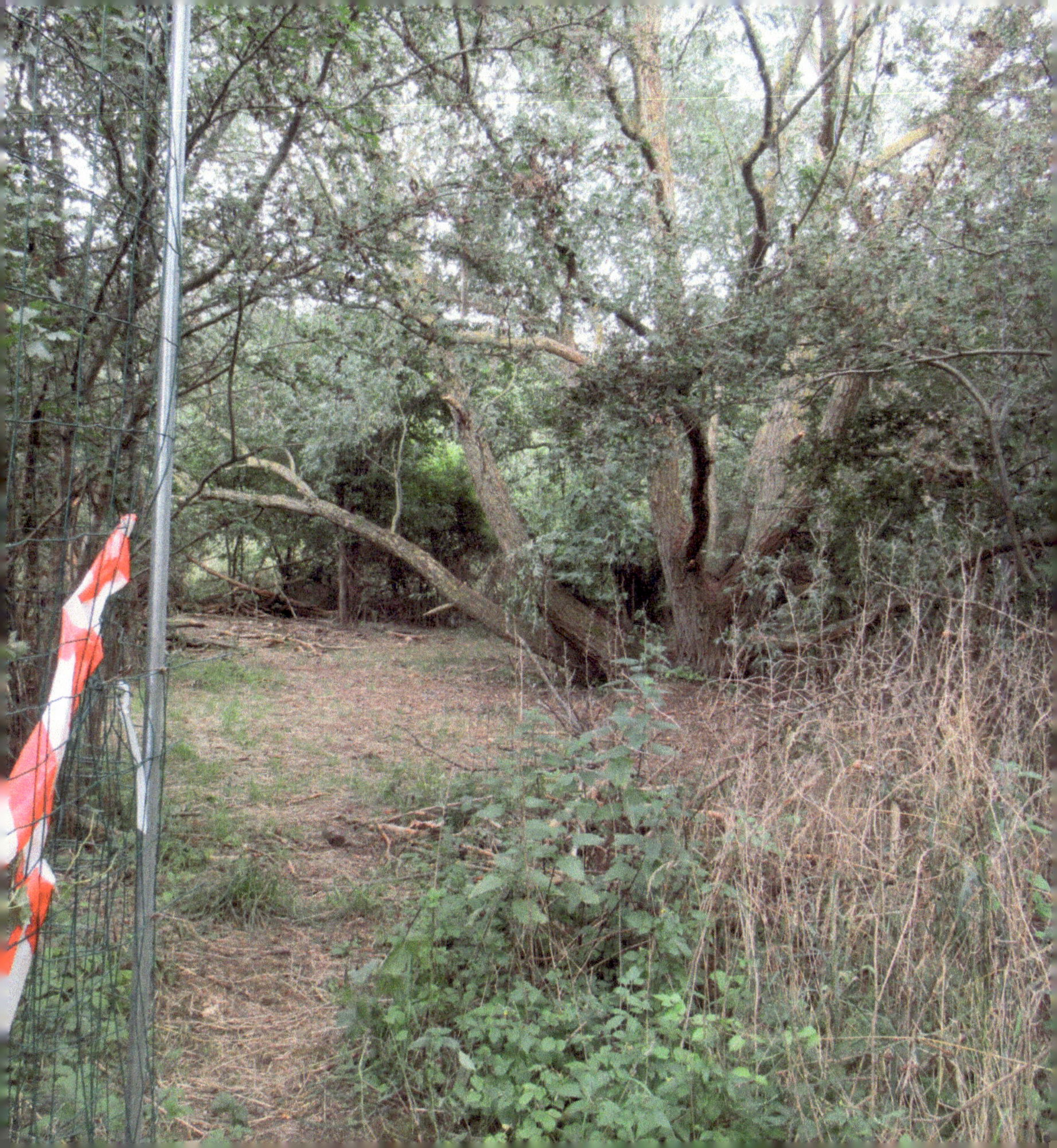

Glimt fra et særligt sted i København. Et tilholdssted, og ynglested, for en lang række arter, herunder den fredede padde stor vandsalamander. Et sted, kendetegnet ved høj biodiversitet. Rigt dyre-, fugle- og planteliv.

Et sted, der var fredet, men blev affredet marts 2019.
Februar 2021 blev en lokalplan om bebyggelse i området vedtaget. Januar 2022 blev dette sted hegnet ind, al vegetation skåret ned og træer fældet. Efter halvanden uge var kviste, krat og ved fjernet fra området. Juli 2022 blev alle rødder revet op og fjernet.
Området er nu sammen med sletten ved siden af, kaldt Lærkesletten, blottet, komprimeret, flere steder pålagt jordfyld. Betonpæle gennemborer flere felter. Byggeforberedelse er i gang. Det samme er retssag.
Retssag om, hvorvidt regler for miljøvurderinger og lokalplaner er overholdt.

Området er en del af Amager Fælled, som samlet set er det mest artsrige naturområde i København.
Området kaldes Tornsangerland. Første gang af feltornitolog Troels M. Krogh i 2004, da der årligt ynglede mellem 20 og 30 par tornsangere i området her. Frem til 2021.
Der var ingen tornsangere der ynglede her i 2022.

Her vises kun en lille del af stedets karakter.
Her vises træer, der var i juli 2021. Et sted der var?